꾸준함으로 유혹하라

1872건의 계약을 이끈
성공의 법칙

꾸준함으로
유혹하라

:(:| :)

처음에는 가장 가까운 가족과
친구들의 만남으로
시작했다

유송자 지음

지상사
Jisangsa

추천사 1
낙숫물이 바위를 뚫어내듯
사소한 꾸준함으로 위대한 성취

저자는 재무설계사로서 일주일에 3W(보험 계약을 통해 세 가정을 보호하고 지키는 일)를 벌써 740주 넘게 달성하고 있습니다. 무려 16년이 넘는 세월 동안 한 주도 빠짐없이 활동을 통해 이를 꾸준히 실천하고 있으며, 마치 신앙과도 비슷한 저자의 내면이 강인함을 증명합니다.

제가 신한라이프 대표이사로 부임하고 나서, 바라본 저자는 아주 사소한 일조차 한 번 시작하게 되면 끝까지 실행에 옮깁니다. 살펴보자면 그다지 대단한 일들은 아닙니다. 새벽에 기상하는 것, 자신의 건강을 관리하며, 자원 봉사나 각종 모임에 참석하고, 심지어 SNS 활동을 하고, 소소하지만 작은 일 하나하나를 성실하게 때로는 미련스럽게 보일 정도로 지속적으로 유지해 왔습니다.

지난 16년 동안 단 한 번도 거르지 않고 3W를 위해 스스로 매주 주말에 '주간활동계획 보고서를 작성하여 월요일 오전에 지점장의 책상 위에 올려두는 것' 같은 것들이 바로 그것입니다.

마치 낙수 한 방울 한 방울이 떨어져서 바위를 뚫는 기적처럼, 하루하루 생명보험의 가치를 전하는 일에 자신을 헌신합니다.

저자는 한 번의 인생을 간호사로서, 웃음치료사로서, 지금의 신한라이프 명예이사인 재무설계사로서 활동하며 본인이 선택한 길에 대해 꾸준히 노력하고 만족하며 행복해 합니다.

이 책이 저자의 바람처럼 독자들에게도 행복의 길을 추구해 나갈 수 있도록 안내하는 지침서가 되리라 확신합니다.

마지막으로 '사소함의 꾸준함이 위대함을 낳는다'라는 저자의 말을 인용하며 추천사를 마칠까 합니다.

감사합니다.

신한라이프(주) 대표이사 사장

성대규

인생을 반추해 보는 시간
저자의 모습은 우리네 삶의 궤적

___

이 책의 저자는 저에게 추천사를 부탁하며, 자신의 책을 읽어 보기를 권유하였습니다. 내용을 떠나 책을 읽는다는 것 자체가 삶을 살아가는 데 많은 도움을 준다는 것은 기정사실입니다.

그렇지만 이 책을 처음 접해본 결과 같은 장르의 비슷비슷한 책들과는 많이 달라 매우 놀라웠습니다. 페이지를 넘길 때마다 작가의 인생관이 파노라마처럼 펼쳐진다고 할까요?

사람을 돌보는 직업에서 사람을 살리는 직업으로 나의 가치를 옮기는 일련의 과정들과 일을 하면서 겪게 되는 어려움을 극복 하고 긍정정인 에너지를 갖게 하는 작가의 노하우를 배우게 됩 니다.

더욱이 그 작가의 글 자체는 작가만의 삶이 아닌 우리 모두의 삶을 마치 다른 화면으로 비추어 주는 그것과 같아 실은 우리들 의 인생을 반추해 보는 시간을 갖게 됩니다.

종교인들을 보면 매주 일요일이 되면 빠짐없이 교회나 절에 가서 예배나 불공을 드립니다.

일주일에 한나절 정도, 그러한 시간을 보내는 것이 인생에 얼마나 영향을 줄 수 있을까? 라는 자문 결과, 지금까지 많은 시간을 살아오면서 깨달은 것 중 하나와 일치하는데, 그것은 다름 아닌 일상의 꾸준함이 만들어 내는 놀라운 힘이었으며, 저자는 이를 행동으로 실천해 나아갑니다.

오늘도 서점가에는 성공비법을 논하는 자기계발 서적들이 즐비합니다. 하지만 그럼에도 이 책이 특별한 이유는 단순한 영업비법뿐만 아니라 저자의 긍정적인 인생관도 함께 엿볼 수 있는 책이기 때문입니다.

간호사로 일하며 깨달은 '누군가를 돌보는 일에 대한 가치' 그리고 재무설계사로 활동하며 성취한 '누군가의 인생을 보장하며 얻는 보람' 본인이 선택한 길을 묵묵히 걸어가며 끊임없이 노력하는 저자의 모습은 우리네 삶의 궤적까지도 돌아보게 합니다.

이 책을 읽으면서 독자 여러분께서도 저자가 얘기하고자 하는 행복을 추구해 보시기 바랍니다.

前 오렌지라이프 CEO

정문국

꾸준함으로 유혹하라

2남 3녀, 5남매의 막내딸로 태어났지만 초등학교 2학년, 아무도 예상치 못한 아버지의 죽음으로 어리광 한 번 제대로 피우지 못하고 성장했다. 살아생전 아버지는 온 마을의 대소사를 챙기면서도 검소했던 분이었고, 어머니는 평범한 가정주부였기에 짐이 되고 싶지 않다는 단순한 이유에서였다.

고등학교 졸업 후에는 등록금을 낼 형편이 되지 않아 대학 진학을 미루었다. 그리고 2년간 직장을 다니며 마련한 학비로 취업이 잘된다는 간호학과를 선택해 입학했다. 아버지는 돌아가셨지만 뒤늦게 마음으로라도 아버지를 간호하고 싶다는 의지도 담겨 있었다.

작은 속삭임으로 꿈을 이루다

대학 생활을 하는 동안에도 '나의 앞길은 내가 책임진다'는 마음가짐은 계속됐다. 장학금을 놓치지 않으려 밤새워 공부하기 일쑤였고 학교 도서관에 지정석이 생길 만큼 이른 아침에 등교했다. 노력은 졸업과 동시에 취업하는 것으로 결실을 맺었다.

설레는 마음으로 첫 출근한 날, 당시 간호과장이 여러 직원 앞에서 숙지해야 할 사항을 요목조목 전달하는 모습에 반해 반드시 그와 같은 간호사가 되겠노라고 다짐하고 또 다짐했다. 그래서 출근할 때마다 병원 건물 앞에 꼿꼿하게 서서 '나는 간호과장이 될 거야. 나는 간호과장이 될 거야. 나는 간호과장이 될 거야'를 마음속으로 외치고 씩씩하게 걸어 들어가 하루 일과를 시작했다. 그 덕분에 누구보다 즐겁고 알차게 병원 생활을 이어갈 수 있었다.

꿈을 생생하게 그리면 반드시 이루어진다고 했던가. 나를 향한 그 작은 속삭임은 평간호사에서 책임간호사, 수간호사, 간호과장까지 별 탈 없이 이끌어 주는 촉매제가 되었다.

상처, 성장으로 피어나다

간호사로서 탄탄대로의 삶을 살아가던 중 어딘가 모를 답답함과 여성 직장인으로서의 한계를 느끼면서 새로운 무언가를 찾기 시작했다. 그리고 남자들과 어깨를 나란히 하고 싶다는 욕심도 슬며시 고개를 들었다. 그러던 중 보험설계사라는 매력적인 세계를 만났고, 남은 인생을 책임질 수 있겠다는 확신이 선 어느 날 15년 동안 근무한 병원을 그만두기로 결정했다.

핑크빛 여정을 상상하며 제2의 직장에 발을 내디뎠는데, 온가족을 슬픔에 빠지게 만든 크나큰 사건이 생기고 말았다.

뉴스에 보도될 정도로 엄청난 교통사고로 인해 큰오빠가 심각한 부상을 당하게 된 것이다. 6년이 지난 지금도 큰오빠는 한쪽 신경이 마비되어 혼자의 힘으로 화장실도 가지 못할 정도이니 당시의 상황이 얼마나 끔찍했는지는 말하지 않아도 알 수 있을 것이다. 하지만 그 힘든 시간도 나를 성장하게 하는 밑거름이 되었다.

바쁜 일상으로 놓치고 있던 가족의 소중함을 다시 한번 느끼게 되었고, 보험금을 받아 위급한 상황에 대처할 수 있었기에 보험설계사는 단순히 영업을 하는 사람이 아닌 사람을 살리는 일을 하는 사람임을 가슴 깊이 새길 수 있었던 것이다.

'3W 700주'의 신화를 쓰다

나를 보험회사로 영입하기 위해 6개월 동안 매주 병원을 찾아오는 것은 물론 내가 듣는 평생교육원 앞에서 수업 마치기를 기다리는 것도 마다하지 않았던 부지점장이 계셨다. 그분에게 했던 첫 질문이 "어떻게 하면 보험설계사로 성공할 수 있나요?"였다. 바로 "1주일에 3건 이상 계약을 성사시키면 됩니다"라는 답변이 돌아왔다.

그때는 보험설계사 새내기였기에 3W에 대한 정확한 개념은 몰랐지만 꾸준히 성실히 1주일에 3건 이상 청약을 했기에 '3W 700주'의 신화를 만들었다.

내 머릿속은 온통 '1주일 3건 이상 계약'으로 가득 채워졌고 가족, 친구 그리고 내가 아는 모든 사람을 찾아갔다. 배운 대로 보험과 더불어 나의 가치를 설명하고 계약을 하나하나 해나갔다. 그리고 그들에게 한 명씩 소개를 받기 시작했다.

자동차보험의 전설인 조 지라드의 '250명 법칙'을 나의 분야에 적용시킴으로써 빛을 발하기 시작했다. 그는 시보레에서 15년간 무려 13,001대의 자동차를 판매하는 대기록을 세워 기네스북에 세계 No.1 세일즈맨으로 12년 연속 선정되었는데 항상 "1명 뒤에는 250명이 있다"고 강조 또 강조해 그 말만 믿고 누구를 만나든 귀 기울여 가려운 곳을 긁어주고 궁금한 것은 먼저 알려주는 등 최고의 정성을 기울이려 노력했다.

끌림이라는 든든한 백이 있었다

나는 종종 계약이 성사되면 고객에게 "왜 저에게 계약을 하시나요?"라고 묻는다. 대개 "책임감과 신뢰가 느껴져서" 혹은 "끌리는 사람이라서"라고 화답한다. 이처럼 내게는 책임감과 신뢰감이라는 두 개의 감이 나도 모르는 끌림과 함께 든든한 백으로 자리잡고 있다.

끌리는 사람들은 특징이 있다. 사람들과의 관계가 좋아 성과를 만들어내고, 재물운은 자연스럽게 따라온다. 성공한 사람들의 법칙을 책과 강연 등을 통해 알게 되었고, 그 정보를 허투루 여기지 않고 나의 일상에 꾸준히 적용해왔다.

물론 나의 노력만으로 지금의 자리까지 오게 된 것은 아니라 생각한다. 내 진심에 더 큰 사랑으로 보답해 준 고객님들이 없었다면 어림도 없는 일이다. 그분들이 지칠 때 말 한 마디로 위로하는 것으로 그치지 않고 현실적으로 힘이 되는 사람이 되고 싶어 펜을 들었다. 더 오래오래 즐겁고 행복하게 함께 하길 바라는 마음도 담았다.

　팀 페리스는 "성공하려면 우리는 모든 사람을 찾아내야 한다. 모든 사람에게서 배울 줄 알아야 한다. 낯선 사람을 환대하라. 그가 당신을 돕기 위해 신이 보낸 천사일 수 있다"라고 말한다. 이 책이 신이 보낸 천사가 되어 당신을 도와드릴 수 있기를 소망한다.

차례

PART2 신난다 내 인생

PART3   기쁘다 내 인생

PART **1**

반갑다
내 인생

01
"어제도 1천 명을 만났습니다"

"모든 참된 삶은 만남이다."
___마르틴 부버

나는 매일 고객 1,000명을 만난다. 하루가 1,440분이니 계산으로 따지면 약 1.4분에 한 명꼴로 만나야 가능하다는 뜻이다. 아무리 이해해보려 해도 현실적으로 결코 일어날 수 없는 일이다. 아! 유명 연예인 사인회라면 가능할 듯도 싶다.

농도 깊은 만남

나는 어제도 1,000명을 만났다.

사실대로 말하자면 네 명의 고객과 기분 좋은 만남을 가졌다. 모임에서 인연을 맺은 60대 고객, 급성 심근경색증으로 보험금 청구를 해야 하는 고객, 커피숍을 운영하는 고객, 구두 매장을 이전해 재(再) 오픈한 고객이다.

앞에서 자동차보험의 전설인 조 지라드의 '250명 법칙'을 설명한 바 있다. 한 명의 고객 뒤에는 250명의 고객이 있으니 네 명을 만나도 1,000명을 만난 것과 같은 셈이다. 물론 소개나 또 다른 새로운 계약을 바라는 만남은 아니다.

고객의 슬픈 이야기를 듣고 내가 도울 수 있다는 것만으로도 가치를 많이 느낀다. 그래서 나는 고객의 목소리에 더 귀 기울일 수밖에 없다.

선물하는 즐거움이 있는 미팅

차에서 나는 향기가 좋다고 말한 고객을 기억해 두었다가 아로마를 선물한다. 그리고 정서적으로 외로움을 달랠 수 있는 시집이나 멋내기를 좋아하는 사람을 위해 자그마한 액세서리를 준비한다. 또 과일을 좋아하는 고객에게는 제철 과일, 평소보다 체력이 떨어지는 고객에게는 보양식을 선물하고 매장을 오픈한 고객은 직접 방문해 내게 필요한 것을 구매하는 것으로 마음을 전한다.

이렇게 매번 고객과 마음을 주고받는 소통을 하다 보니 추가 계약을 한 고객이 생긴다. 반면 피치 못할 사정으로 계약 해지를 한 고객 등 계약 조건과 상관없이 인연을 맺은 고객 대부분이 좋은 일이 생기면 잊지 않고 연락을 해온다. 이보다 더 기쁜 일이 어디 있을까.

그 덕에 고객들의 행복한 여정 가운데 내 마음을 선물할 수 있어 행복하고 보람 있는 하루하루를 채울 수 있어 참으로 감사하다. 그래서 나는 오늘도 1,000명과 같은 소중한 고객을 만나러 간다.

02
인사는 내 인생 터닝 포인트

"친절은 사회를 움직이는 황금의 쇠사슬이다."
___괴테

———

많은 사람이 나의 첫인상을 떠올리면 밝은 미소와 기분 좋은 인사가 인상적이었다고 한다.

참 듣기 좋은 소리다.

이런 말을 들을 때면 엄마가 참 지혜로운 분이구나 싶은 생각이 절로 든다. 언제나 "누구를 만나든 인사를 잘해야 사랑 받는다"고 입이 닳도록 말씀하셨기 때문이다.

경쾌한 인사 소리가 이어준 행운

약 27년 전, 일반 간호사였던 시절이다.

엄마가 하신 말씀을 마음에 새기고 선·후배 동료는 물론 환자와 환자의 보호자와 마주칠 때마다 경쾌한 목소리로 인사를 했다. 잘 보이고 싶어서라기보다 그렇게 배워왔으니 당연하게 생각하고 행동으로 옮긴 것뿐이었다. 그런데 많은 분이 나를 기억해 주고 칭찬해 주서서 감사하게 생각했다.

그러던 어느 날, 총무부장님이 간호사실로 나를 직접 찾아오셨다.

용건은 이랬다.

"직원들을 위한 친절교육이 필요한데, 유 선생이 맡아주면 좋겠어요. 교육에 대한 지원은 해줄게요."

처음에는 당황스러웠지만 제법 괜찮은 제안이라는 생각에 흔쾌히 "Yes!"라고 대답했고, 며칠 후 대한간호협회에서 실시하는 2박 3일 일정의 친절교육 리더 과정에 참여했고, 한 달 뒤 진행된 3박 4일의 친절교육 지도자 과정에도 보내주었다. 생전 처음 받아본 친절교육이었지만 왠지 모르게 나를 성장시켜줄 도구가 될 듯한 느낌에 집중 또 집중해 들었다.

친절강사는 나의 또 다른 이름

두 차례의 교육을 받은 후 내게 주어진 막중한 임무는 총무부장님이 부탁하셨듯이 병원 내 전 직원을 대상으로 하는 친절교육이었다.

인사하는 법부터 시작해 기본예절, 고객응대법 등 병원 내에서 일어날 수 있는 모든 상황을 예시로 들어 일상 속 친절이 몸에 배도록 이끌어 주는 것이 목적이었다.

친절교육은 매주 정해진 요일과 시간에 진행되었는데, 교육하기 전날에는 항상 종이에 교육 과정을 일목요연하게 적어두고 거울 앞에 서서 요리조리 미소도 지어보고 인사도 해보며 연습

또 연습했다. 보다 유익한 친절교육을 위해 평생교육원에서 운영하는 레크리에이션 교육도 수료했다.

어찌나 열의가 높았던지 당시 아이들이 어려 데리고 다니면서 수업 듣는 것도 마다하지 않았다. 그렇게 나만의 친절교육 노하우를 쌓아갔고 회를 거듭할수록 알찬 구성이 되었으며 자신감이 더해졌다.

지금도 웃음치료사를 비롯한 리더십, 서비스 친절교육, 버츄퍼실리테이터 등 다양한 강의를 진행하고 있는 나의 모습을 보면 인사는 내 인생의 출발점이었음이 틀림없다.

03
무너진 경험이 나를 성장시키다

"오늘 걷지 않으면 내일은 뛰어야 한다."

__ 카를레스 푸욜

오늘 걷지 않으면 내일은 뛰어야 한다고 푸욜이 말했다. 서울로 향하는 길에 푸욜의 명언을 생생하게 경험하는 시간을 가졌다. 어제저녁까지만 해도 계획은 새벽에 일찍 일어나 사무실에 들러 급한 업무를 본 뒤 지하철 환승 주차장에 차를 주차해두고 지하철을 이용해 KTX역인 송정역으로 가는 것이었다.

늘 그랬듯 남편의 아침식사를 챙기고 맨발산책을 할 수 있을 정도로 이른 기상을 해 여유를 즐겼다.

그런데 기차표를 예매해둔 시간에 맞춰 도착할 수 있을까 싶을 만큼 촉박해졌다. 이동하는 차 안에서 두 손 모으고 '제발, 제발 숨이 헐떡거리게 뛰지 않고 차분히 걸어갈 수 있게 해주세요'라고 기도하고 또 기도했다.

고귀한 시간이 무너지다

차분히 걸어갈 수 있게 해달라는 나의 바람과 달리 기차를 향하는 나의 걸음은 빠르다 못해 정신없이 뛰어야 했다. 온몸이 땀에 젖을 정도로 뛰었지만 기차는 떠나가 버렸다.

몇 달 전에는 너무 여유를 부려 무려 두 번이나 기차를 놓쳤는데도 같은 실수를 또 하고 말았다.

기차가 떠나는 순간 짜증이 몰려오는 것은 당연했다.

분명 내가 잘못했는데도 내 고귀한 시간이 사라졌다는 생각에 신경이 곤두선 것이다. 그러고는 '일찍 출발해서 나를 위한 고귀한 시간을 만들자'라고 다짐했던 나와의 약속을 지키지 못함에 자책했다.

하지만 나는 달라졌다. 그날 나를 위한 고귀한 시간은 무너졌지만 그 상황을 거울삼아 기차를 여유롭게 타는 습관을 가지게 된 것이다. 최소 출발 3분 전 기차에 오르기로 한 것이다. 그 3분의 여유가 얼마나 꿀맛 같은지 모른다.

시간 부자는 스스로 만든다

종종 만일 3분이 아니라 30분이었다면 어땠을까 생각해본다. 나를 즐겁게 해주는 필사를 할 수 있음은 물론 신문을 꼼꼼하게 읽을 수 있으며, 저마다의 모습을 지닌 사람들을 관찰하고 커피한 잔의 여유까지 누릴 수 있을 것이다.

영국 작가 아놀드 베네트는 이렇게 말했다고 한다.

"시간의 세계에는 부자와 빈자가 따로 없다. 당신이 시간이라는 귀중품을 멋대로 낭비한다고 해도 시간의 할당이 줄어드는 것은 아니다. 시간은 어디에서 빌려오거나 누군가에게 빌려줄수 있는 것도 아니다. 단지 각자에게 주어진 지금, 이 순간을 사용할 수 있을 뿐이다. 내일이라는 날을 오늘 사용할 수도 없고, 오늘을 아껴 두었다가 내일 사용할 수도 없다. 내일은 내일을 위해 존재할 뿐이다."

그렇다. 빈부귀천, 남녀노소 구별 없이 24시간, 1,440분, 86,400초가 전 세계인 모두에게 공평하게 주어진다.

비록 여러 번의 실수와 감정 소모로 내가 시간을 어떻게 관리하느냐에 따라 시간의 부자가 될 수도 빈자도 있음을 깨달았지만 결코 헛되지 않은 경험이었다고 생각한다. 눈 깜짝할 사이 흘러가는 1초도 귀하게 여기게 되었고, 앞으로도 시간의 여분을 두어 최고의 시간을 누리리라 믿는다. 1분 1초를 당겨 시간의 노예가 되지 않는 삶을 당신에게도 추천한다.

04
5남매를 두고 떠나신 아버지

"만약 지금 당신에게 슬픔이 찾아왔다면 기쁘게 맞이하고 마음속으로 공부할 준비를 갖추어라. 그러면 슬픔은 어느새 기쁨으로 바뀌고 고통은 즐거움으로 바뀔 것이다."
__레프 톨스토이

나의 어린 시절을 떠올렸을 때 가장 먼저 그려지는 이미지는 약 7개월 정도 되어 보이는 아이가 학교 운동장 나무의자에 앉아 있는 모습이다. 그 뒤에는 아이의 아버지로 보이는 사람이 떨어지지 말라고 허리를 조심스럽게 잡고 있다.

아버지, 아버지, 나의 아버지
나는 5남매 중 막내딸이다. 위로 오빠 둘, 언니 둘이 있음에도 아버지는 내심 내가 아들이기를 바라셨던 듯하다. 엄마가 나를 낳은 12월의 마지막 날, 미역국을 끓이기 위해 미역을 씻으며 우셨다는 말을 들으면 알 수 있다. 하지만 상황은 바뀌었다.

학교 선생님이었던 아버지는 내가 너무 사랑스러워서 나를 업고 수업했다고 당시를 기억하는 동네 어르신들이 입 모아 말한다. 지금은 어림도 없지만 그 시절에는 허용 가능한 풍경이었나 보다.

그런 아버지가 경위를 알 수 없는 화재 사고를 당했다.

큰 화재였음을 그날 이후 내 눈에 비춰진 아버지 모습을 통해 알 수 있었다. 병원 침상에서 머리부터 발끝까지 붕대로 칭칭 감은 영화에서나 나올 법한 미라의 모습이었기 때문이다. 그 모습으로 아버지는 제법 오랫동안 병원 신세를 지셨던 것으로 기억한다. 또 어렸지만 아버지의 아픔이 절절히 느껴졌다. 거즈를 교환할 때마다 고통에 신음소리를 내며 몸부림치는 모습은 눈물 없이 볼 수 없었다.

고통은 고통을 낳고

결국 아버지는 그 고통을 이겨내지 못하고 우리 곁을 떠나셨다. 그때가 초등학생 2학년, 9살이었다.

누가 봐도 어린 나이였고 한창 사랑받을 나이에 사랑을 듬뿍 준 대상을 잃어버린 것이다. 그것을 알았기 때문일까. 아니면 앞으로 그 사랑을 못 받는다는 사실을 육감적으로 느낀 것일까. 나는 아버지 장례식장에서 그 누구보다 서럽게 울었다고 한다. 목이 쉬어도 울음을 멈추지 않았다고 한다.

그렇게 가득한 슬픔 속에서 아버지를 보내드렸고, 아버지의 빈자리는 우리집에 많은 변화를 가져왔다. 꽃다운 39세의 어머니는 당신과 함께 5남매를 지켜야 했기에 힘찬 여장군이 되었고, 어린 마음에도 홀로 힘든 나날을 하루하루 버티는 어머니에게 짐이 되지 않으려 먹고 싶은 것도 갖고 싶은 것도 꼭 참으며 어리광 한 번 피우지 않는 막내가 되었다.

어머니의 일손을 도우는 것도 당연히 해야 할 일이었다. 그럼에도 불만은 없었고 더 든든한 딸이 되고 싶었다.

05
어머니의 나눔을 물려받다

"내가 성공을 했다면, 오직 천사와 같은 어머니의 덕이다."
___ 에이브러햄 링컨

내 삶을 풍요롭게 만들어주는 것 중 하나는 봉사활동이다. 수 년간 공부하고 쌓아온 재능으로 많은 분에게 웃음과 마음의 치유를 선물할 수 있음은 큰 축복이다.

진부한 표현 같지만 자기계발로 시작한 그 활동들을 통해 내가 더 많은 것을 얻어가고 감동받는 순간을 자주 접한다. 이 기쁨의 세계로 입문해 준 사람은 어머니였다.

우리 집은 하숙집

엄마는 손재주가 많았다. 바느질도 잘하고 음식도 대장금 저리가라 할 솜씨였다. 그 실력을 바탕으로 어머니는 하숙집을 운영했다. 하숙집에는 언제나 여수 주변 학교를 다니기 위해 여기저기서 온 고등학생, 대학생 오빠들로 가득했다. 그 덕에 당시 어머니를 떠올리면 매일 아침 도시락을 싸는 모습이다.

큰 가마솥에 밥을 해 10명분의 밥과 반찬을 양은도시락에 정성껏 넣어 오빠들에게 나눠주었다. 눈을 비비고 일어나면 아침을 준비하느라 구슬땀을 흘리며 때때로 굽혔던 허리를 펴며 툭툭 쳤는데, 어린 마음에도 그 모습이 안쓰러웠는지 엄마를 도와야겠다는 생각에 몸이 먼저 움직여 늘 엄마 옆을 지켰다.

내 담당은 도시락 뚜껑을 덮는 것이었는데, 그것도 힘들었는지 10개의 도시락 뚜껑을 다 덮고 나면 이마에 땀이 송글송글 맺히곤 했다.

인심 넉넉한 큰손 어머니

어머니는 항상 필요한 양보다 두 배 이상을 준비했다. 그래야 하숙생 오빠들을 넉넉히 먹일 수 있고 이웃과 나눠 먹을 수 있다고 했다. 그런 큰손 어머니로 인해 앞집 옆집 뒷집에 음식 배달하는 것도 나의 몫이었다. "이거 엄마가 갖다드리래요. 맛있게 드세요"라는 인사와 함께였다. 처음에는 이해가 되지 않았지만 시간이 흐르며 당연한 의례가 되었다. 또 집집에 방문할 때마다 고마워하는 분들의 표정을 보면 덩달아 웃을 수 있었고, 이웃을 위해 무언가 할 수 있다는 게 즐거웠다.

그 영향을 받아서인지 나도 음식을 만들 때 넉넉히 만든다. 얼마 전 약밥을 만들어 이웃뿐만 아니라 고객에게도 챙겨드렸는데 모두 귀한 것이라며 챙겨 간 양이 적게 느껴질 정도로 풍성한 감사인사를 안겨주었다. 이렇게 나누면 나눌수록 기쁨이 배가 되어 돌아오는데, 그것을 어릴 때부터 알게 해준 어머니에게 고맙다. 또 엄마의 딸이어서 참 행복하다.

어머니와 나의 모습이 잘 담긴 시 한 편으로 마무리 한다.

당신이/내 삶의 의미입니다.//당신으로 인해/세상을 보는 선량함과/친절하고 상냥한 마음을/키울 수 있었습니다.//당신으로 인해/세상에 흔들리지 않고/변질되지 않으며/상처받지 않을 수 있었습니다.//당신으로 인해/삶을 대하는 정직한 태도와/사람에

대한 믿음을/온전히 배울 수 있었습니다.//평범하고도 보잘것없
는 내 일상에/행복과 감사의 마음을 갖게 하고/고귀하게 빛나는
하루하루와/따스한 감정을 가질 수 있게 하는 사람.//바로 당신
이/내 삶의 의미입니다.

___전승환《내가 원하는 것을 나도 모를 때》의 당신이 내 삶의 의미입니다 전문

06
100주 300건 실천계획

"뜻을 세운다는 것은 목표를 선택하고, 그 목표에 도달하도록 할
행동 과정을 결정하는 것이다. 결정한 다음에는 목표에 도달할
때까지 결정한 행동을 계속하는 것이다. 중요한 것은 행동이다."

___마이클 핸슨

———

우리 가족의 연례행사 중 하나는 연초 또는 연말에 1박 2일의
가족워크숍을 갖는 것이다. 그곳에서 미리 준비한 질문에 답을
하고 목표를 발표하는 시간을 갖는다.

한 명이 발표하면 나머지 가족은 무한 응원을 보낸다. 유쾌하
면서도 꽤나 진지한 시간이다. 이 같은 가족과 함께하는 시간과
격려가 지금의 나를 만들어주었다.

서로 격려하는 가족

아이들이 초등학교 2~3학년 경 지인의 추천으로 성당에서 8주간 진행되는 '적극적 부모 역할 훈련'을 접하게 됐다. 그를 통해 매주 토요일마다 가족회의를 진행했는데, 맛있는 음식을 먹으며 서로의 이야기에 경청하고 아이들에게 용돈을 주는 시간이 되었다.

처음에는 생소해서 어색했던 분위기가 점차 서로에게 배려하게 되었고, 아이들은 자립심이 길러졌다. 큰 기대 없이 참여했지만 횟수를 거듭할수록 듣길 참 잘했다는 생각이 절로 들었다.

아이들이 초등학교를 졸업할 때까지 가족회의는 계속되었다. 하지만 중학교, 고등학교에 진학하면서부터 2주에 한 번, 한 달에 한 번으로 자연스럽게 횟수가 줄어들었고 7년 전부터는 1년에 한 번 갖는 가족여행 겸 가족워크숍으로 바뀌었다. 주 1회에서 연 1회가 되었지만 중요한 것은 지금까지 멈추지 않고 이어온다는 것이다.

여행지에 도착하자마자 지난 한 해를 돌이켜보고 새로운 한 해의 목표를 세우며 서로에게 응원의 메시지를 보낸다. 가족워크숍을 통해 목표를 정하고 글로 적으니 가족의 꿈을 알게 되고 그 꿈을 향한 도전을 격려하게 되었다.

꿈 달성을 이뤄준 명확한 기록

명확하게 글로 적은 목표는 언제나 나의 꿈을 이뤄주었다.

1992년, 병원 생활을 시작하며 멋진 간호사로 성장하기를 소망하며 간호과장이 되겠다는 목표를 수첩에 명확하게 적었더니 책임간호사, 수간호사를 거쳐 간호과장이 되었다. 15년의 병원 생활을 마치고 보험설계사로 제2의 인생을 살겠다고 다짐을 했을 때도 목표를 글로 적었더니 목표했던 성과에 다다를 수 있도록 해주었다.

보험은 처음이라 아무것도 모르는 상태에서 성공하고 싶은 마음에 던졌던 '어떻게 하면 보험설계사로 성공할 수 있나요?'라는 질문에 1주일에 생명보험 3건 즉, 3W를 하고 생명보험협회의 명예의 전당인 MDRT회원이 되면 된다는 답변에 무조건 그 목표를 수첩에 적어 지금까지 한 주도 빠지지 않고 달성하고 있다. 그로 인해 단기간에 MDRT회원이 되었다. 꿈 너머 꿈이라고 했던가. 목표 넘어 목표라고 했던가. 100주 만 해보자 하고 시작했던 것이 700주를 넘겼고 1,000주를 향해 달려가고 있다. 뿐만 아니라 2008년 첫 MDRT회원이 되어 14년을 유지해 종신회원이 되었다.

나의 비전을 알려준 목표 설정

쉬운 일은 아니었다. 처음에는 가장 가까운 가족과 친구들의 만남으로 시작했다. 그리고 작은 계약이라도 소중하게 여기며 정성으로 관리하다보니 꼬리에 꼬리를 물고 소개가 이어졌다. 그리고 소신 있게 나의 일과 나의 가치에 대해 알려나갔다. 또 내가 아는 사람 중에는 보험 없이 힘들게 살아가는 사람이 없어야 된다는 마음으로 고객을 만났다. 물론 보험 필요 없다고 하는 사람, 보험이 너무 많다고 하는 사람, 만나기 싫다는 사람도 많았다. 그럼에도 불구하고 '하루에 3명 이상 만난다. 1주일에 3가구를 지킨다'는 나와의 약속을 어기지 않았다.

노만 V. 필은 "정확한 목표 없이 성공의 여행을 떠나는 자는 실패한다. 목표 없이 일을 진행하는 사람은 기회가 와도 그 기회를 모르고 준비가 안 되어 있어 실행할 수 없다"고 했다.

나는 매일매일 목표를 적으며 하루 인생을 살아가고 있다. 오늘 잘 살았을 때 내일도 모레도 온다고 믿기 때문이다.

여전히 진행 중이지만 종이 위에 적힌 내가 정한 나만의 목표와 비전을 보면 가슴 뛰지 않을 수 없다. 그래서 나는 지금 이 순간에도 목표를 정하고 종이 위에 새긴다.

07
아침형 인간으로 살게 되다

"무기력한 아침은 무기력한 하루를 만든다."
___ 다카이 노부오

나는 새벽시간을 즐긴다.

어제도 오늘도 4시 52분에 기상했고 내일도 그 언저리에 일어날 것이다. 이러한 일상을 SNS로 공유하다보니 많은 분이 입을 모아 부지런하다 하고 원래 아침형 인간이었다고 생각하는 분이 많다. 하지만 진실은 아니다. 어린 시절을 떠올리면 잠 많은 평범한 소녀에 지나지 않았다.

간절함으로 시작된 아침형 인간

아침잠 많은 내가 아침형 인간이 된 시점은 대학생이 되고부터다. 고등학교를 무사히 졸업하고 대학에 합격해 예상대로 대학으로 진학할 수 있을 줄 알았는데, 집안 형편으로 인해 친구들과 같은 시기에 대학을 가지 못했다.

그때의 좌절감이란 말로 다할 수 없었다. 또 주말과 방학마다 전국 각지에서 대학 다니는 친구들이 고향 여수에 와 만날 때마다 그렇게 부러울 수 없었다. 아니 샘까지 났다.

그래서 직장을 다니면서도 대학에 가는 꿈을 포기하지 않고 공부를 멈추지 않았다. '얼른 대학 가야지, 꼭 가야지'를 되뇌며 이를 악 물었다. 그렇게 1년 반은 낮에는 회사원으로 밤에는 수험생으로 주경야독생활을 했고 6개월은 대입시험에 몰입하는 시간을 가졌다.

열심히 공부했던 덕분이었을까 아니면 나의 간절함 덕분이었을까. 나는 당당히 간호대학에 입학했고 꿈에 그리던 여대생이 되었다. 하지만 남들보다 뒤늦게 들어간 탓인지 공부가 녹록치 않았다.

집안형편이 2년 전과 달라진 게 없었고 아버지가 돌아가신 초등학교 2학년부터 집에 부담을 안겨서는 안 된다는 확고한 기준이 있었기에 어떻게든 등록금을 마련해야 했다.

가장 좋은 방법이 장학금을 받는 것이었다. 그래서 생각한 방법이 학교에 1등으로 가 교수님 바로 앞자리에서 수업 듣기였다. 그 열정으로 공부한 덕분인지 간호사 국가고시도 단번에 합격했고 졸업과 동시에 취업을 했다.

대학병원에 합격을 했지만 입사 날짜까지 기간이 남아 기다리는 동안 잠자코 있을 수 없어 개인병원 몇 개월, 3교대 시스템의 병원에서 몇 개월을 생활했다. 그런데 밤낮이 바뀐 터에 밸런스가 흐트러지면서 나의 아침형 인간 프로젝트도 무너졌다. 병원 입사 후에도 꽤 긴 시간 아침을 활용하지 못했다.

평간호사에서 책임간호사 그리고 수간호사가 되어 밤 근무가 없어지고 일정하게 낮 근무를 할 때 다시 아침형 인간이 되었지만, 기상하자마자 출근해야했기에 나만의 아침 시간을 활용할 수가 없었다.

단계별 기상 시스템 도입

나의 아침을 다시 찾게 된 것은 신한라이프(오렌지라이프)에 보험재정설계사로 입사한 때부터였다.

가장 먼저 한 것은 기상시간 조정이었는데, 6시 30분에서 5분 당겨 21일간 도전하고, 또 5분 당겨서 21일간 도전하고, 또 5분 당겨서 21일간 도전하기를 계속해서 지금은 4시 52분에 기상한다. 기상하자마자 가족인사로 시작해 다함께 스트레칭, 아침식사, 가족기도를 한다.

아침은 황금시간대

가족들이 출근하면 바로 운암산으로 달려가 맨발걷기를 하고 다녀오면 긍정확언, 필사, 명상으로 마무리한 뒤 출근한다.

이렇게 아침을 채우고 나면 기쁜 마음으로 출근하지 않을 수 없다. 또 아침을 알차게 보냈기에 출근해서 바로 업무에 몰입할 수 있다.

다카이 노부오의 "아침 시간은 업무의 황금시간대다. 아침 업무의 효율은 오후보다 3배 이상 높다. 뇌가 가장 활발하게 움직이는 때도 아침이다. 아침은 가장 집중력이 높고, 가장 생산성이 뛰어난 시간대다. 따라서 아침에 가장 긴급하고 중요한 일을 처리해야 한다. 아침에 하루를 설계해야 한다. 절대로 아침을 놓쳐서는 안 된다"는 말을 직접 실천하고 느끼고 있는 중이다. 그로써 나의 첫 시작은 늘 기분 좋고 즐거우며 행복하다.

08
미래의 내 이름을 불러주세요

"사람은 세 가지 이름을 갖는다. 양친이 태어났을 때 붙여 주는 이름, 친구들이 우애의 정을 담아 부르는 이름 그리고 자기 생애가 끝났을 때 획득하는 명성(名聲)의 세 가지다."

__탈무드

　나는 늘 이름에 자신감이 없었다. 아들을 바라는 마음으로 끝자에 '아들 자'를 붙여 촌스러움이 뚝뚝 떨어지는 것 같은 이름이기 때문이다. 그래서 항상 예쁜 이름을 갖는 로망이 있었다. 그렇다고 과거에 비해 간편해졌다고 하는 개명을 하고 싶지는 않았다.

촌스러운 내 이름

　내 이름은 '유송자' 딱 듣기만 해도 촌스럽다. 그래서 예쁘고 여성스러운 송휘, 송화라는 이름을 가진 언니들 너무 부러웠다. 아무리 아들을 바랐다고 하지만 위로 오빠가 둘이나 있는데 아버지는 왜 내 이름을 이렇게 지었을까 하고 속상해 했던 적이 한두 번이 아니다.

　어릴 때는 거리에서 큰 소리로 내 이름을 부르면 그렇게 부끄

러울 수 없었다. 그래서일까. 언제 어디를 가도 내 관심사 중 하나는 이름이었고 어떻게 하면 조금 더 멋진 이름이 될 수 있을까? 고민, 고민, 또 고민했다.

원하는 호칭 붙이기

내 이름에 애착을 갖게 된 것은 보험설계사가 된 후였다. 언뜻 떠올린 것이 이름 뒤에 멋진 호칭을 붙이면 어떤 느낌일까 하고 당시 가장 높은 직급인 '이사'를 내 이름에 붙여 보았다. '유송자 이사님' 느낌이 나쁘지 않았다. 아니, 너무 근사하게 느껴졌다.

감사하게도 보험설계사로 제2의 인생에 들어선지 9년 만에 이사가 되었는데, 나는 그 전부터 유송자 이사였다. 이유인 즉, 고객에게 메시지를 보낼 때마다 그 이름을 사용했기 때문이다. 말이 씨가 되어 꿈을 이뤄준 것이다. 물론 고객들에게도 ○○○ 선생님, ○○○ 대표님, ○○○ 원장님이라고 꼬박꼬박 그들의 이름을 불러주었다. 또 여러 기관에 종종 강의를 나갈 때가 있어 다른 이름이 필요했다.

'어떻게 불리는 게 좋을까? 이름을 부르면서, 불리면서 모두가 즐거운 이름으로 뭐가 좋을까?' 오랜 고민 끝에 '유쾌한 송자 씨'가 탄생했다. 그 후로 강의 또는 봉사활동을 할 때마다 '유쾌한 송자 씨'로 소개하고 또 그렇게 불린다.

최근에는 나의 사례를 들려주며 고객들에게 불리고 싶은 호칭을 이야기해 보라고 했다. 그러면 다들 골똘히 생각에 잠겼다가 ○○○사장님, ○○○본부장님, ○○○교수님 등 다양한 호칭이 쏟아져 나온다. 그러면 나는 그것을 기억해 두었다가 그들이 원하는 호칭으로 불러드린다.

불가에서는 '名詮其性(명전기성)'이라 하여 이름에 모든 것이 있다 하였고, 유가에서는 '名體不離(명체불이)'라 하여 몸과 이름은 하나라 하였다. 이에 나는 생각하는 대로, 말하는 대로 이뤄진다 했으니 이름도 불러주는 대로 이뤄진다고 믿는다. 당신도 원하는 호칭을 이름 뒤에 붙여 사람들에게 불러달라고 해보길 바란다. 아마 그 모습에 다가가는 길이 보일 것이다.

09
기적의 씨앗이 된 메시지

"위대한 성과는 갑작스러운 충동에 의해 이루어지는 것이 아니라 여러 작은 일들의 연속으로 이루어지는 것이다."
___조지 엘리엇

━━━━

나의 습관 중 하나가 좋은 글이 눈에 띄면 놓치지 않고 메모하는 것이다. 그 메모는 매주 월요일 고객들에게 메시지를 보낼 때마다 다시 꺼내보는데 그것을 바탕으로 간략한 안부와 함께 한 주를 희망차게 보내길 바라는 나의 마음을 담는다.

한결 같은 메시지

나는 고객과 소통하기 위해 한 달에 한 번 '웃음 사랑' 소식지를 보내고, 매주 월요일 아침마다 메시지를 보낸다. 대개 '한두 달 보내고 말겠지'라고 생각했다는데 15년째 받고 있는 고객들이 한결 같은 이야기가 변함없이 매주 월요일마다 인사 전하는 정성이 감동이라는 것이다.

최근에 보낸 메시지 내용을 오픈해본다.

> 선생님!
> 인생에서 최고의 행복은 사랑받고 있음을 확신하는 것! 빅터 위고~
> 기쁨 가득한 한 주 보내세요.
>
> ___ YSJ DREAM

> 대표님!
> 다시 시작할 수 있는 오늘이 있어서 참 다행~
> 삶이 무지개처럼 멋진 한 주 보내세요.
>
> ___ 신한(오렌지) 유송자♧

> 원장님! 좋은 하루~
> 긍정의 씨앗을 심고 감동하며 사랑하며 희망하는 멋진 한 주
>
> ___ 신한(오렌지) 유송자

지금까지 보낸 메시지를 하나도 지우지 않고 소장하고 있다는 고객, 마음을 차분하게 해주어 고맙다는 인사를 하는 고객, 매주 월요일 아침마다 나와 데이트하는 기분이라고 하는 고객 등 매주 보내는 메시지에 대한 피드백을 받을 때마다 얼마나 뿌듯한지 모른다.

누가 알아주길 바라는 마음으로 시작한 것은 아니지만 이렇게 나의 메시지를 받고 힘을 받는다고 하니 하루도 거를 수 없다.

점점 영글어가는 소식통

'웃음 사랑' 소식지는 2020년 9월, 170호가 발행됐다. 1호에 A4 한 장으로 시작한 것이 두 장, 세 장 늘어나더니 이제는 소책자로 제작하여 배부하고 있다.

솔직히 고백하자면 시간뿐만 아니라 비용이 늘어나는 게 부담스러워 '1년에 한두 번만 보내도 되지 않을까?'라는 고민도 잠깐 했는데 기다리는 고객도 많고, 반응도 좋고, 나를 알릴 수 있는 최적의 도구라 지금까지 꾸준히 보내고 있다.

어떤 일을 시작할 때마다 스스로에게 끝까지, 꾸준히 잘할 수 있느냐고 물어본다. 만일 중도하차 할 것 같은 마음이 들면 욕심내지 않고 조용히 계획을 접는다.

반면 크든 작든 시작하기로 마음먹었다면 어떠한 일이 생겨도 추진하고, 빛을 보게 한다.

대외적인 메시지, '웃음 사랑' 소식지도 그렇게 시작한 건 당연했고, 나와의 약속인 긍정확언, 감사일기, 시간관리, 필사, 마인드 맵 등 개인적인 도구 활용도 다짐 후 스타트를 끊고 단 한 번도 손에서 놓지 않은 나에게 칭찬의 박수를 보낸다.

10
우리 아침 먹고 산에 가요

"우리가 정복하는 것은 산이 아니라 우리 자신이다."
__ 에드먼드 힐러리

———

우리 부부는 주말마다 등산을 한다. 부부가 함께 등산을 하는 모습을 보고 많은 분이 보기 좋다고도 부럽다고도 한다. 그런데 처음부터 신랑의 등산에 동행한 것은 아니다. 내 등산의 시작은 큰오빠의 사고를 겪고 난 뒤부터였다.

남편을 관찰하는 아내
벌써 6년 전이다.

그날만 생각하면 아직도 뛰는 가슴을 주체할 수 없다. 큰오빠의 교통사고 소식을 듣고 부랴부랴 여수로 향했다. 가는 내내 떨리는 두 손 마주잡고 별일 아니기를 기도하고 또 기도했다. 하지만 그 기도가 무색하게도 오빠는 의식이 없는 상태였고 뇌출혈 판정을 받았다. 아니, 하늘이 오빠를 데려가지 않은 게 다행이다 싶을 만큼 사진으로 확인한 사고 현장은 끔찍했다.

사고 난 자리가 붉은 피로 흥건하게 물들 정도로 꽤 큰 사고였던 것이다.

그렇게 오빠는 병원 생활을 시작했고, 두 번의 뇌수술을 받았다. 그럼에도 불구하고 언어장애, 운동장애, 정신장애를 얻었다. 시간이 지나며 언어와 정신은 자연스레 정상으로 돌아왔지만 문제는 왼쪽 상하지의 신경 마비였다.

당시보다 많이 좋아졌지만 지금도 부목에 의지해 다니고 누군가의 도움 없이 화장실을 가지 못한다. 이렇게 오빠의 사고로 우리 가족은 겪지 않아도 될 아픔을 겪었다.

간호사로 15년의 병원 생활과 아버지의 투병 과정을 지켜본 나였지만, 모두 성장해 맞이하는 가족이 고통스러워하는 풍경은 가슴을 찢어지게 했다. 그리고 오빠의 사고는 내게 큰 메시지를 던져주었다.

소중한 사람이 사고 또는 질병으로 하루아침에 참담한 나날을 이어갈 수도 있구나, 더 심각하게는 그 사람을 잃을 수도 있구나를 느끼게 된 것이다. 또 가족과 함께 하는 시간이 우리가 생각하는 것보다 많지 않음을 깨닫게 했다. 그 무렵 나는 남편을 관찰하기 시작했다.

등산하는 부부

그렇게 지켜본 남편의 모습 중 가장 눈에 띄는 것은 한 주도 빠지지 않고 일요일 아침마다 등산을 가는 것이었다.

이른 아침마다 분주하게 준비해 출발했다. 반면 나는 피곤하다는 핑계로 기본 2~3시간은 더 침대에서 떠날 줄 몰랐다. 그리고 느지막하게 일어나 아침을 챙겨먹고 다시 침대로 향했다. 남편이 올 시간 즈음 서둘러 부지런을 떨었는데 그때마다 잠만 자고 있던 내가 한심하지 않을 수 없었다.

그래서 하루는 남편에게 슬쩍 "여보, 우리 아침 먹고 같이 산에 가요" 했더니 흔쾌히 "네, 그럽시다"라고 했다. 그때부터 우리 부부의 산행은 동행이 되었다.

가족의 아픔으로 인해 가족과 함께 하는 시간을 늘려가고자 남편의 눈높이에서 좋아하는 일을 같이 하려고 시작한 등산이었지만 왜 진즉에 같이 하지 않았을까 싶을 만큼 즐겁고 행복하다. 덩달아 건강까지 얻었다.

현재 남편과 나 두 사람을 놓고 보면 내가 더 좋아하는 게 느껴질 정도이니 참 감사한 일이 아닐 수 없다. 이처럼 나는 가족과의 시간을 조금씩 늘려가는 중이다.

11
찾아가는 가정 방문 전문 간호사

"자식을 잃은 슬픔을 당신이 체험하지 못했다 할지라도 그것을 공감할 수 있어야 한다. 그런 감성이 없다면 간호사가 되는 길을 포기하라."

＿ 플로렌스 나이팅게일

가정 전문 간호사는 환자가 있는 가정에 방문해 환자의 건강 상태와 정서 상태, 가치관을 이해하여 가족 및 주간호자를 조사하고 사회·경제적 요구도를 파악한다. 이를 토대로 간호 목표를 수립하고 간호 진단을 도출하며 간호 계획을 수립한다. 환자의 특성과 요구에 맞춰 전문적인 간호 또는 주치의가 의뢰한 치료적 간호를 수행한다. 수행된 결과와 환자의 반응을 모니터링하고 간호 목표의 달성 정도를 평가한다. 환자, 간호 제공자, 교육과정생, 일반간호사, 지역사회 주민과 보건의료인을 대상으로 간호에 대한 교육이 이뤄진다.

〈출처: 한국직업사전, 2016〉

나에게 맞는 옷, 가정 전문 간호사
배우고 도전하며 즐거운 간호사 생활을 하던 중 민순 지도교수의 추천으로 새로운 세계에 눈을 뜨게 된다. 그것은 다름 아닌 가정간호사였다.

민순 교수님은 나에게 잘 어울릴 것이라며 공부해 볼 것을 제안하였고, 나는 그 제안을 받아들여 전남대학교 의과대학 간호학과에서 운영하는 1년 과정을 듣게 되었다.

모든 과정을 마친 후 정식으로 가정 전문 간호사로 활동하게 되었는데, 광주와 전남지역의 말기 암 환자, 거동을 못하는 환자 등 중증 환자가 있는 곳이라면 지프차를 타고 어디든 찾아갔다. 그 시간이 자그마치 약 7년이었다. 모르긴 몰라도 택시기사보다 더 많은 운전을 했을 듯싶다.

그런데 당시를 돌이켜 보면 나는 그 시간을 온전히 즐겼던 것 같다. 병원 내에서 누군가의 지시에 의해 그리고 정해진 업무만 하는 것이 아닌 하늘, 구름, 꽃 등 자연과 소통하며 바깥세상을 누리는 귀한 시간이었다. 또 나의 눈과 마음을 더 크고 넓게 만들어 주었음은 틀림없다.

소통하는 관계 속의 성장

그때부터 주사 또는 약에만 의존하는 환자들을 위해 이전보다 더 열정적으로 공부했다.

발 마사지, 스포츠 마사지, 수지침 등 배워서 나눌 수 있는 것은 모두 배웠다. 심지어 동화 구연 레크리에이션도 배워 외롭고

심심한 환자들을 즐겁게 해주었다. 아니, 오히려 내가 더 즐겁고 행복했다.

어느새 우리는 간호사와 환자가 아닌 가족이 되어 있었다. 이따금 텃밭에서 수확했다며 상추, 무, 마늘, 호박 등 갖가지 채소를 품에 안겨주시고 엄마처럼 따뜻하게 다독여주었다. 그때 만나 뵀던 환자들은 모두 돌아가셨지만 그분들의 가족과는 지금도 친척처럼 연락하고 경조사가 있을 때마다 열 일 제치고 달려가는 사이로 지내고 있다.

또 그 소통을 통해 사람은 사람 속에서 관계를 이어가며 배우고 성장하게 됨을 깨닫는다.

관계라는 단어를 들을 때마다 항상 떠오르는 데일 카네기의 명언이 있다.

"언제나 다른 사람으로 하여금 자신이 중요한 사람이라는 느낌을 갖도록 만들어라. 그들이 원하는 공감을 주어라. 그러면 그들은 당신을 사랑할 것이다."

지금의 내 모습을 위해 스스로 부단히 노력해 온 것은 맞다. 하지만 격려해 주고 응원해 주는 분들이 없었다면 꾸준히 이어오기 힘들었을 것이다.

비록 간호사와 환자, 간호사와 보호자의 관계로 인연을 맺었지만 그분들이 있었기에 전문가에 한 발자국 더 다가갈 수 있었다고 믿는다.

12
유과장이 왜 보험설계사를 해?

"우리의 인생은 우리가 생각하는 대로 만들어진다."
___ 마르쿠스 아우렐리우스

15년 동안 일하던 병원을 그만두기로 결심한 그날, 나는 "유과장이 왜 보험설계사를 해?"라는 질문을 받았다.

당시 나는 간호사로서 최고 직급인 간호과장이었고 나름 평판이 좋은 간호사였기에 그 자리를 내려놓고 다른 일, 그것도 세상의 시선이 곱지만은 않은 보험설계사를 선택한다는 것이 의아했을 것이다.

가슴 뛰는 끌림

병원을 그만두기 6개월 전부터 나를 만나기 위해 매주 병원을 찾는 보험설계사 지인이 있었다. 평소 잘 알고 지내는 후배였다. 그의 목표는 보험 가입이 아닌 리쿠르팅이었다.

내가 하면 너무 잘할 것 같다며 보험설계사를 함께 해보자고 꾸준히 설득했다.

당시 자기계발을 위해 평생교육원을 다니던 때였는데, 수업이 끝나기를 기다려 잠시 만나는 수고로움도 서슴지 않았다. 또 홀로 오는 것이 아니라 부지점장과도 함께 오는 정성도 보였다.

그때까지만 해도 보험설계사에 대한 매력을 느끼지 못했는데 너무도 열의에 가득 찬 모습에 카네기클럽에서 만난 동기인 생명보험사 부지점장에게 후배의 회사에 대해 물었다.

그 분은 바로 답변을 하지 않았고, 일주일 후 간호장교 출신의 보험설계사와 함께 내가 근무하는 병원을 찾았다.

그때 비로소 후배의 회사에 대한 정보를 들을 수 있었고 카네기클럽 동기의 회사에 대해서도 들을 수 있었다. 이야기를 듣던 중, 말로만 전해 듣지 말고 두 곳 모두 방문해 보자는 생각이 들었다. 분위기를 보고 싶었던 것이다. 그래서 그로부터 사흘 뒤 후배의 사무실을 방문했고, 또 사흘이 흐르고 동기의 사무실을 들렀다.

끌림이 이끌어준 제2의 삶

사정은 이랬다.

후배가 다니는 회사는 미국계 생명보험사였는데, 여성의 비중이 높았고, 동기가 다니는 회사는 유럽계 생명보험사로 남성의 비중이 높았다. 들어서는 순간 느낌이 확연히 달랐다.

6개월 동안 공들인 후배에게는 미안했지만 동기의 회사가 더 끌렸다.

여성 조직에서 긴 세월 몸 담고 있었던 것도 영향이 있었을 것이다. 어쨌든 동기의 회사를 답사하고 온 날 설레어 가슴까지 뛰었다. 잘할 수 있을 것 같은 자신감이 마구마구 피어올랐다.

가능하다면 내가 좋아하고 잘하는 공부와 강의를 하며 가슴 뛰는 곳에서 제2의 삶을 살고 싶었다. 그 길로 상사를 찾아가 퇴사의 뜻을 전했다.

나만의 스타일로 고객과 신뢰

갑작스런 통보에 이유를 물었고, 나는 "외국계 생명보험 회사에 입사하려고요"라고 답했고, 그분은 또 다시 "유과장이 왜 보험설계사를 해? 보험일하면 바람나고 이혼한다던데?"라며 말렸지만 "제2의 인생을 준비하고 싶어서요. 그리고 잘할 자신 있습니다" 하고 그 방을 나왔다.

그때도 지금도 보험에 대한 인식이 좋지는 않다. 많이 좋아졌다고는 하지만 여전히 색안경부터 끼고 본다. 그럼에도 불구하고 나는 나만의 스타일로 고객과의 신뢰를 쌓았고, 계속 쌓아가고 있는 중이다.

또 나는 나로부터 긍정의 변화를 만들 자신이 있었고 그 믿음에는 변함이 없다. 내가 존경하는 DID 마스터 한국인재인증센터 송수용 대표님의 "나는 될 수밖에 없다. 될 때까지 할 거니까" 정신이 나를 뒷받침해 주고 있기 때문이다.

13
고객 재방문의 비밀

"사람들과 교제할 때는 다소나마 상대방을 이롭게 해주는 것이
좋다."

＿＿발타자르 그라시안

나에게는 수많은 보물이 있는데, 그중 특별한 하나가 책장에
고이 꽂혀 있는 '고객평생관리차트'이다. 만일 이것이 없었다면
나를 다시 찾아주는 고객이 있었을까 싶을 만큼 보험설계사 출
발과 함께 곁을 지켜준 벗이다.

습관이 만들어준 보물

우리 집 책장에는 내가 애지중지하는 고객평생관리차트가 꽂
혀있다. 이름 그대로 나와 인연을 맺은 고객의 정보를 모아둔 자
료집이다.

간호사 시절 환자의 차트를 작성하는 것은 숨 쉬듯 당연한 업
무였다. 환자의 방문 이유를 비롯해 혈압과 체온 등을 측정해 메
모하여 기본 자료로 활용했다. 그 시스템을 보험설계사를 하며
고객관리차트로 활용한 것이다. 또 그것은 고객과의 미팅에서도
좋은 도구가 되어주어 아끼지 않을 수 없다. 지금으로부터 10년

전인 2010년 7월 14일, 계약으로 맺어진 고객의 계약기간이 만료
돼 미팅을 갖는 날에도 이 차트가 빛을 발했다.

사명감을 안겨준 고객평생관리차트

고객은 간호사를 거쳐 대학교수가 된 분으로 어머니의 보험을
대신 유지시켜준 효녀였다. 그 분에게 차트를 펼쳐놓았더니 깜짝
놀라면서 "어머, 이 사진을 아직도 가지고 있었어요?"라고 하는
게 아닌가. 다름 아니라 차트 제일 앞장에 고객의 10년 전 부모님
의 다정한 모습이 담긴 사진이 꽂혀 있는 것을 발견한 것이다.

그래서 "그럼요, 사랑하는 고객님들 사진은 당연히 잘 간직하
고 있어야죠"라고 답했더니 눈시울을 붉히는 게 아닌가. 그러면
서 "너무 감동이네요. 이 사진 보니 우리 부모님, 그 사이 많이 늙
었네요. 주름도 더 많이 생기고…. 그래서 말인데 유송자 이사님,
이 일 오래오래 하셔야 해요. 우리 엄마아빠 끝까지 지켜주셔야
해요"라며 신신당부했다.

그 말을 들으면서 내 눈가도 촉촉해졌다. 순간우리 엄마가 생
각나 눈물을 참느라 한참 애를 먹었다.

나에게는 당연한 고객관리차트지만 그것을 보고 감동을 받는
고객을 만나 이 일을 해야만 하는 이유를 듣게 되니 단순한 차트
가 아님을 다시 한번 느끼게 되었다. 그래서 이 글을 읽는 분들에
게 용기 내어 한 가지 부탁을 드려본다. 아프거나 쓰러지지 말고,

건강하게 지금처럼 고객의 짐을 덜어드리는 유송자 이사로 오랫
동안 활동할 수 있도록 기도해 달라고.

14
하늘색 원피스

"세상에서 가장 지혜로운 사람은 배우는 사람이고 세상에서 가
장 행복한 사람은 감사하며 사는 사람이다."
__탈무드

오늘
숨이 막힐 듯 푹푹 찐다
갈라진 아스팔트
뜨거운 김이 모락모락
바쁜 걸음으로 약속 장소로 향한다.

등에서 원피스 지퍼 나가는 소리
오메 이게 무슨 일이여
약속 장소에 도착했으나
누가 재킷 속 원피스를 보는 것 같아
부끄럽고 얼굴이 발그스레
가슴이 꿍꿍 친다.
몸과 마음을 추슬러

하던 일 마무리하고
다음 약속을 위해
집에 갈 수 있는 시간은 없고
두리번거리다 보이는 옷가게로 후다닥 들어가
오늘 신문의 운세 행운의 색이 뭐였지

아아 하늘색
급한 마음에 눈에 얼른 띄는 하늘색 원피스 하나 걸쳐 입고 나온다

다음 약속 장소로 갔는데
기다리다가 연락도 못하시고
가셨다네, 휴~
아 허탈, 아니 여유
한숨 몰아쉬고 물 한 잔 마시고 가벼운 마음으로
다음 목적지로 향한다.

　2019년 여름 한가운데 있었던 일을 표현한 시 한 편이다. 우리는 살아가면서 이런저런 일들을 겪는다. 하루하루 들여다보면 평탄하지만은 일상들이다. 이 같은 작은 에피소드가 모여 나를 웃게도 하고 울게도 하는데, 중요한 것은 모든 순간이 감사하다는 것이다. 그날이 없으면 지금의 내가 없을 테니.

PART **2**

신난다
내 인생

영업 성공1법칙
머릿속으로 생각만 하지 말고 일단 만나라

—

2006년 6월 보험재정설계사의 첫발을 내딛기 전, 한 달간 서울서 열심히 땀 흘리며 즐겁게 교육을 받았던 기억이 떠오른다. 15년간 해 오던 간호사 생활과 너무도 달랐던 보험은 용어 모두가 생소했다. 그래도 변화에 대한 두려움이 남보다 적었고, 새롭게 시작한다는 생각에 가슴이 뛰었다.

교육 과정의 모든 내용이 다 중요했지만 그중 바로 영업으로 직결되는 가망고객이 무엇인지 궁금하기도 하고 나름 두려움이 앞서기도 했다

보험에서 말하는 가망고객이란 내가 만날 수 있는 사람, 보험료 납입 여력이 있는 사람, 건강한 사람, 보험에 대한 니즈가 있는 사람을 말한다.

보험을 시작할 때의 나이가 39세였고, 나름 인생을 잘 살아왔다고 생각했기에 내가 가망고객이라고 생각하는 사람의 이름을 적어보니 약 300명 정도가 되었다.

그중 첫 고객이 친구 은정이다. 전남 목포에서 간호사로 일하고 있는 은정이는 어렸을 적부터 부모들끼리도 친해서 워낙 허물없이 지냈던 소꿉친구였기에 만나면 보험 계약을 할 수 있을

것 같은 희망이 보였다. 은정이를 만나러 가기 1주일 전 보험재정설계사로 직업을 바꾸었다고 이야기를 했고 보험 상담 한번하자고 1주일 뒤에 가겠다고 말했더니 선뜻 오라고 했다.

가까운 친구였지만 첫 상담이라 약간은 긴장이 됐다. 친구의 퇴근 시간에 맞추어 3시경에 목포에 도착했고 처음으로 보험에 대해 설명을 하는 거라 약간은 버벅거렸지만 자신감 있게 이야기를 나누었다.

친구는 진정성과 사명감을 담아서 설명하는 나의 이야기에 몇 가지 궁금한 사항의 질문을 했고 내가 제시한 종신보험을 가입했다. 그리고 교육 과정에서 배운대로 친구에게 바로 소개 요청을 했다.

결혼한 지 얼마 안 되서 남편을 소개했고 보험 계약 한 건을 또 성사시켰다.

여기서 잠깐!

하야카와 마사루의 《영업의 신 100법칙》에 나와 있는 소개받기의 7스텝을 이야기해 보겠다.

스텝-1 일단 구매를 결정하게 된 이유를 재확인한다.

물론 상품의 내용과 적절한 비용 외에도 '당신이 좋아서', '당신이 괜찮아서'라는 말을 들을 수 있을 때까지 '다른 이유는 없습니까?'라고 물고 늘어져야 한다.

스텝-2 '저는 한 명이라도 더 많은 분께 도움이 되고 싶습니다. 한 명이라도 더 많은 고객과 가족 분을 지키고 싶습니다'는 대의를 당당하게 전달한다.

대의가 잘 전달되면 선의를 지닌 기존 고객은 '다른 고객을 소개해 달라'는 부탁을 쉽게 거절하지 못한다.

스텝-3 어떤 사람을 소개받고 싶은지, 그 이미지를 구체화한다.

'돈을 잘 버는 경영자', '같이 운동하는 친한 친구', '최근에 결혼한 친구', '핸드폰 1번부터 10번까지' 등 그 이미지를 정확히 전달하라.

스텝-4 구체화한 이미지에 사람의 이름을 묻는다.

스텝-5 소개해 준 사람에 관한 자료를 자세히 물어본다. 연락처, 직업, 성격 등

스텝-6 기존 고객에게 미리 연락해서 '방문 허락'을 받아달라고 부탁한다.

스텝-7 고객에게 중간 과정을 차례로 보고한다.

계약이 성사된 후에는 '때는 이미 늦다' 스텝 중간중간에 약속 경과, 반응 등을 알리는 기회를 늘리면 더 많은 응원을 받을 수 있다. 소개 요청은 숨을 쉬는 것처럼 생활화해야 한다고 거듭 강조한다. 일단 만나서 이야기하면 방법이 나오고 소개 요청을 구체적으로 하면 다음 번 만남과 계약도 자연스럽게 이어진다.

일단 자리를 박차고 만나라.

절대로! 절대로! 머릿속으로 생각만 하다가 만남을 놓치지 마라!!!

영업 성공2법칙
한 번 찾아가서 안 되면
한 번 더 찾아가라

보험 계약을 할 때 한 번에 되는 경우는 거의 없다. 그리고 평소 보험에 대해 중요하게 생각하지 않았던 고객에게 보험을 권유할 때는 더더욱 힘들다.

보험 계약은 확률 게임이다.

결혼과도 같다.

오늘 내가 100명을 만났다고 100명 모두 계약을 하지는 않는다. 첫 만남에 바로 결혼을 하지 않는 것처럼 말이다. 오늘 만나고 내일 또 만나고 지속적으로 만남을 가졌을 때 서로에 대한 신뢰도 생기고 점점 더 호의적으로 변하게 된다. 신뢰를 넘어 서로에 대한 확신이 생겼을 때 결혼을 하게 되듯, '이 사람이라면 내 보험을 잘 관리해 주겠다'라는 나에 대한 믿음과 확신이 생겼을 때 비로소 보험 계약을 하게 된다.

한 번 찾아 가서 안 되면 한 번 더 찾아가라. 그것이 바로 계약 성공을 높이는 길이다

영업 성공 3법칙
더 많이 베풀고 나누어라

나의 두 번째 계약은 시댁 큰조카였다. 내가 간호사에서 보험 재정설계사로 이직을 했다는 소식에 의아해했지만 대기업에 다니는 사회초년생에 보험이 없던 상태라 자연스럽게 계약으로 이어졌다. 조카에게 초등학교, 중학교, 고등학교, 대학교 그리고 취직할 때까지 작은엄마로서 많은 부분을 지원했고 도움이 되려고 노력했었기에 계약이 가능했다.

지금도 고객을 만날 때 고객에게 어떤 도움이 필요한지 먼저 생각해보고 만난다.

농사를 짓고 있는 고객에게는 농산물을 구입하고, 건강식품을 판매하는 고객에게는 건강식품을 구입하고, 옷가게를 하는 고객에게는 옷을 사고, 음식점을 하는 고객에게는 음식을 먹으러 식당으로 간다. 그리고 회사나 병원에 직원들 교육이 필요한 고객에게는 내가 할 수 있는 교육으로 고객관리를 할 수 있도록 도와준다.

최근에 핸드폰이 말썽이어서 핸드폰을 바꾸었다. 딸이 엘지유플러스 다니지만 내가 향한 곳은 고객들이 근무하는 핸드폰대리점이었다.

"아니, 큰따님에게 하셔야 하는 거 아니세요?"

함박웃음을 지으시며 말을 건네 왔다.

"나머지 가족들은 딸한테 하지만 나는 하던 곳에서 신부장님께 할 거예요"라고 바로 응수했다.

나에게는 가족이 늘 1순위이지만, 이때처럼 예외일 때가 있다. 이왕 하는 거 나를 믿고 내 상품을 이용해 주었던 고객이 내가 필요로 하는 상품을 팔고 있다면 두말할 것 없이 고객을 선택한다. 서로가 서로를 필요로 할 때, 힘이 되어주는 신뢰 있는 관계가 되었으면 좋겠다.

더 많이 베풀고 나누면 고객은 나에게로 온다.

영업 성공4법칙
관계의 끈을 놓치지 마라

나의 세 번째 계약은 아이들의 유치원 원장님에게 받은 계약이다.

보험재정설계사로 첫발을 내딛을 때가 아이들 초등학교 때였다. 두 아이들이 모두 다녔던 유치원이었는데, 7년 동안 같은 선생님, 같은 원장님이셨다. 원장님은 그야말로 천사 원장님이다. 아이들을 사랑으로 감싸고 정성스럽게 돌보아 주시는 분이시다.

그래서인지 아이들이 졸업을 하고 초등학교를 갔을 때에도 계속 연락하고 만나기도 하고 서로의 안부를 묻고 축하와 격려를 해 주는 사이로 발전했고 가족과 같은 분이시다.

보험재정설계사의 일을 한다고 명함을 내밀었을 때 '시연이, 현주 엄마는 잘하실 거예요'라면서 격려해 주시고 원장님이 들 수 있는 보험이 무엇인지 물어보고 고객이 되어주신다고 이야기 하셨다. 온가족 보험 4건을 계약해 주시고 보험을 시작했던 새내 기 시절에 나에게 힘이 되어주셨다.

우리는 수없이 많은 사람들을 만난다.

스쳐 지나갈 수도 있고 끈끈하게 관계를 맺고 살기도 한다. 모 든 관계는 나로부터 비롯된다. 좋은 관계도 나쁜 관계도 나부터 좋은 사람이 되어 좋은 관계를 맺으려 노력하면 좋은 일은 반드 시 생긴다. 그리고 관계의 끈을 놓지 않으면, 멋진 고객이 되어 나 와 함께한다.

영업 성공5법칙
가족부터 챙겨라

보험재정설계사로의 첫 달에 가족 계약만 9건이었다. 신랑과

오빠 그리고 동서와 조카의 계약들로 꽉꽉 찼다.

내가 첫 달부터 가족 계약을 먼저 한 이유는 다음과 같다.

첫째, 가족이 아프거나 다치면 먼저 보험재정설계사인 나에게 보험은 있는지, 얼마나 나오는지 등의 질문을 하게 된다. 보험을 안 넣었거나, 보험금이 너무 적게 나오거나 그렇게 되면 모두 나에게 원망의 눈치를 보내겠지? 나를 비롯한 가족부터 먼저 계약해야 하는 합리적인 이유이다.

그래서 형부와 언니, 동서 그리고 조카들이 아팠을 때도 오빠가 큰 사고가 났을 때도 적절한 보험이 있었기에 생활에 보탬이 되었다고 이야기한다.

병원비 때문에 크게 마음 졸이지 않게 치료를 받고 생활을 유지하고 있다.

둘째, 내가 우선적으로 돌봐야 할 사람들이 바로 내 가족이기 때문이다.

가족의 아픔은 나의 아픔이기에 잘 아는 내가 전문적으로 하는 보험으로 먼저 돌봐드려야 한다. 그래야 보험재정설계사로서 자부심을 갖는다.

셋째, 가족 계약이 기본이 되어야 다른 사람들에게 보험 이야기를 할 때 설득력이 높아진다.

내 가족의 보험도 제대로 설계해 주지 않으면서 다른 사람들에게 보험을 가입하라는 것은 앞뒤가 안 맞는 말이기 때문이다.

영업 성공6법칙
전화로 반갑게 만나자

고객에게 전화를 하는 이유는 안부를 묻고, 만남 약속을 잡기 위해서다.

보험 일을 처음 시작했을 때는 약속을 잡기 위해 막상 전화기를 들면 두려움부터 밀려왔다. 아무리 잘 아는 사람이라도 전화를 걸기가 쉽지 않았고 목적이 있는 만남을 위한 전화를 하려고 하니 수화기만 들었다 놨다, 몇 번을 반복했는지 모른다.

용기를 내어 전화를 하고 신호음이 들리자 '전화 안 받았으면 좋겠다, 통화중이었으면 좋겠다' 속으로 기도하고 있는 내가 한심하게 느껴졌던 때도 있었다.

모든 전화가 나를 기다리고 있는 것은 아니니 약속도 쉬이 잡히지 않았다. 그러던 중에 정말 친하게 지내던 후배 간호사에게 용기를 내어 전화를 했다.

보험 이야기는 하지 않았고, 마침 해남에 갈 일이 있어서 들리겠다고 했더니 반갑게 응하며 그때 보자고 이야기를 나눴다. 그런데 다음날 아침 일찍, 내가 보험일을 하는 것을 알게 되었다며 오지 말라는 말을 하는 것이다.

나는 전화도 끊지 못하고 서러워서 엉엉 울었다. 나의 울음소

리에 당황한 후배는 울지 말라고 달래며 남편이 보험을 워낙 싫어해서 그러는 거라며 한 달 뒤에 광주에 올라가니 그때 보자고 했다.

한 달 뒤 모 레스토랑에서 후배를 만나 안부를 묻고 보험 이야기는 하나도 안하고 밥을 먹고 헤어졌다.

후배 간호사는 나의 고객은 아니지만, 나의 일을 존중해 주고 가끔 안부를 물어온다.

여기서 잠깐, 최헌의 보험 세일즈 책에 나온 만능 전화법을 소개하겠다.

- 전화는 가망고객과 만나는 최초의 순간이므로 심호흡을 한 뒤, 기쁜 마음이 되도록 마인드 컨트롤을 한다.
- 말은 반박자 빠르게, 간결하게 한다.
- 호기심을 갖게 한다.
- 상대방을 칭찬하고 높여줘라.
- 주도권을 가지고 약속 시간은 둘 중 하나를 선택하도록 한다.
- 소개자의 영향력을 이용하라.
- 마음을 읽기 위해 눈을 감고 집중하라.
- 보험이라는 말은 꺼내지 않는다.

위 여덟 가지를 실천하고 다시 전화에 도전한다. 진정성을 담아서.

영업 성공 7법칙
고객이 편하면 나도 편하다

———

고객의 집에 방문하기 하루 전이나 출발 1시간 전에는 고객과 문자나 전화로 연락을 한다. 그날은 고객의 안부도 물을 겸 겸사겸사 고객의 집으로 가기로 약속한 날이다.

"따르릉~ 고객님 내일 차 한 잔 어떠신가요?"

"네, 좋아요. 내일 언제든지 오세요. 내일은 휴무라 집에 있어요."

"쉬셔야 하는데, 불편하지 않겠어요?"

"아니요, 불편하지 않아요. 유송자 선생님이 오신다고 하면 화장을 하지 않아도 설거지를 하지 않아도 청소를 하지 않아도 그냥 편하고 좋아요, 괜찮아요. 어서 오세요."

딱딱하고 정적인 관계를 만드는 게 싫어서, 늘 '내 가족이다'라는 생각으로 고객을 대한다. 그 덕분에 고객들은 나와의 만남이 편하고 좋다고 이야기해 주신다.

'오시면 좋은 말씀 많이 해주시고 알찬 정보도 알려주시고 그래서 너무 좋아요. 부담스럽지 않아요'라는 말을 들을 때면 미소가 지어진다.

고객을 만날 때는 성실한 사람의 이미지를 갖춰야 한다. 성실한 사람이 되려면 세 가지 포인트를 갖추어야 한다고 '하야카와 마사루'는 말한다.

> **첫 번째는 충성심, 두 번째는 리액션, 세 번째는 독심술이다.**
> 첫 번째, 충성심이란 억지스러운 어떤 말도 다 듣겠다는 자세다.
> 두 번째, 리액션은 빠른 반응을 보여주는 행동으로 고객의 부재중 전화가 보이면 바로 전화하거나 문자나 톡으로 진심을 담아서 응대한다.
> 세 번째, 독심술은 항상 고객이 무엇을 생각하고 무엇을 바라는지 고객의 마음을 파악하려는 습관을 기르는 것이다.

고객의 입에서 '그렇게까지 하면 더이상 거절할 수 없다는 말이 나올 정도로 세심한 사람, 성실한 사람, 가슴 따뜻한 사람'이 되어야 한다.

고객이 편하면 나도 편하다.

영업 성공8법칙
보험 필요할 때 생각나는 사람이 되자

───

추운 날씨에 움츠러들고 코로나19로 고객들과의 만남도 자유롭지 못한 요즘, 고객에게서 먼저 걸려온 반가운 전화였다.

남편은 우리 회사에 종신보험, 부인은 실비보험을 10년 이상 유지 중이고 최근에 보험금 청구로 익숙했던 목소리가 자녀의 보험 문의는 엄청 반갑고 고마운 이야기였다. 자녀들의 정보를 주서서 인증을 받고 설계하고, 다시 통화하고 또 통화해서 설명하고, 집에 방문해서 설계안 드리면서 다시 설명하고 3일 정도 시간이 흐르고 드디어 청약을 했다.

'자녀분들의 보험을 3건이나 나에게 계약한 이유가 있느냐'고 여쭈어 봤다.

"기존 아이들 보험이 마침 만기가 돼서 다른 보험을 들려고 하는데, 주변에 있었던 FC분들이 다 그만두어서 연락이 안 되더라고요."

2008년부터 12년간 꾸준히 소식지를 보내고 생일날 미역도 보내주시고, 매주 월요일 오전에 이사님께서 보낸 문자를 보니 아, 유송자 이사에게 상담하면 되겠다는 생각이 들었다고 한다.

그래서 부인과 전화통화를 하고 방문으로 설계 내역을 조율하면서 계약을 할 수 있었다.

보험이 늘 필요하진 않지만, 필요한 순간이 찾아올 때 생각나는 사람이 될 수 있도록 매 순간 고객관리에 정성을 다한다.

보험 필요할 때 생각나는 사람이 되어야 한다.

영업 성공9법칙
당당하게 영업하자

—

5년 전에 그만둔 FC에게 이관을 받아 쭉 관리해 드리고 있는 60대 중반의 여자 고객님과 최근 전화로 안부를 물었다.

할아버지가 치매가 있어서 주간 보호센터에 다닌다고 얘기하기에 치매 보험과 기존 보험 이야기, 뇌혈관 심혈관 특약 얘기를 했더니 관심을 보여 3일 후 만나기로 약속했다.

만나기 전에 인증을 먼저 받고 보험 분석을 했는데, 이분 같은 경우에는 여러 가지 보험이 있으나 가짓수만 많고 보장이 미미한 편이었다.

이것에 대해 말했더니, 애초에 아는 분이 보험을 시작해서 도와주려고 넣은 거라 1년 후까지만 유지하고 해약하려 한다고 말했다.

60대 중반이시라 나중에 넣으려고 해도 그때 가서 넣을 수가 없으니 일단은 유지하시라 권해드렸다. 다만 아직 크게 아픈 곳이 없지만, 보장이 약한 편이라 추가할 수 있는 부분을 체크한 후에 연락을 드렸다.

보험은 고객의 납입 여력을 확인해 보고 필요한 부분을 먼저 가입하도록 제대로 상담해야 한다. 지인들에게 보험을 강요하거나 도와달라고 요청해서 넣는 보험은 오래가지 못한다.

보험은 전문가에게 그리고 꾸준하고 성실하게 오래 일하는 보험재정설계사에게 맡겨야 한다. 설계사들도 알아 온 세월이 있는데, 잠시 도와달라는 말로 고객들에게 보험을 강요하지 말기를 바란다.

영업 성공10법칙
주간계획표를 잘 작성하라

나의 좋은 습관 중 하나는 바인더 쓰기이다. 금요일이나 늦어도 일요일 오후까지는 미리 다음 주에 만날 사람과 출장, 교육, 모임 및 개인적인 일까지 모두 체크하여 작성한다. 그리고 월요일 아침에 단장님의 책상 위에 나의 일주일 '스케줄표'를 올려둔다.

주간계획표를 잘 작성하면 다음과 같이 여러 가지가 가능해진다.

첫째, 직장 상사와 나 사이, 그리고 나와 나 사이, 고객과 나 사이의 커뮤니케이션이 잘된다. 미리 약속할 수 있는 근거가 되고 스케줄을 작성하면서 미리 약속도 하고 어디서 무엇을 하고 있는지 이야기할 수 있는 거리가 된다.

둘째, 시간관리가 된다. 효율적으로 시간관리를 하게 되니 시간을 허투루 쓰는 법이 거의 없다.

셋째, 활동관리가 제대로 된다. 프로세스가 어디까지 와있는지 확인할 수 있어서 고객 상담 진행 상황을 잘 알 수 있다.

넷째, 가망고객관리가 된다. 설령 오늘 계약이 성사되지 않을지라도 한 달 후 또는 삼 개월 후에 다시 만나서 이야기할 수 있고, 고객이 될 수 있는 가능성이 높아진다.

다섯째, 인맥을 관리할 수 있다. 스쳐 지나가는 사람은 없다. 언젠가 나의 고객으로 만들 수 있는 자료가 된다.

이처럼 주간계획표를 2006년부터 지금까지 잘 써오고 있다. 계획하고 수정하고 실천하고 만나면 우리 일은 반드시 된다. 꼭 된다. 주간계획표를 잘 작성하라. 지금부터라도 꼼꼼하게 작성해보자.

영업 성공11법칙
모임에서 성실의 아이콘,
따뜻한 사람이 되어라

1999년부터 레크리에이션 모임을 해오고 있다. 처음 운영할 당시만 해도 회원이 10명 정도였는데, 지금은 그 절반인 5명이

다. 그런데 그 5명이 모두 나의 고객이다. 늘 내가 먼저 회원들에게 전화로 안부를 묻고, 모임 장소에 나갈 때마다 작은 선물을 챙기고 제일 먼저 도착한다. 기쁜 일이나 슬픈 일이나 아픈 일이나 먼저 챙기려고 노력한다. 그러다보니 보험에 관련된 일은 모두 나에게 전화해서 물어보고 또 성실히 답변해준다.

최근에도 회원의 부친상 부고를 받고 장례식장으로 향했다. 코로나19로 장례식장은 그야말로 썰렁하다는 표현이 어울릴 정도였다. 가족들만 앉아서 이야기를 나누는 모습이 너무 가슴이 아팠다. 아버님께 인사를 드리고 가족들과 함께 인사를 나누고 조카들을 소개받고 휴먼컬러로 마음을 움직이고 위로해 드렸다. 나의 작은 행동과 따뜻한 위로의 말이 많이 힘이 되었나 보다. 장례식이 끝난 후 감사의 문자에 많이 뭉클했다.

모임에서 성실의 아이콘이 따뜻한 사람이 되어라.

영업 성공12법칙
잘하는 사람을 따라하라

———

성공하려면? 잘하는 사람을 따라 하라는 말이 있다.

나 역시도 처음 신한라이프(오렌지라이프) 보험재정설계사의 길에 들어섰을 때, 컨벤션 시상식에서 상을 받는 분을 보고 꼭 저렇게 되리라 결심했다.

그 덕에 신입 시절부터 나의 목표는 '유송자 명예이사'였다. 그렇게 세월이 흘러 꿈꾸는 대로, 이루고 싶은 대로, 생각하는 대로, 말하는 대로, 글로 적은 대로 발로 뛰다보니 그 직함에 맞는 자격이 되어 있었다.

5년 전, 내 SNS를 지켜보던 타사 생명보험에 근무하던 분이 나를 따라서 영업을 하고 싶다고 배움을 얻기 위해 서울에서 광주까지 찾아왔었다.

타 회사에 있는 사람임에도 배우려는 열정이 보여 내가 하고 있는 고객관리나 자기관리에 관한 모든 것들을 가르쳐줬다. 같은 회사에 있어도 서로 경쟁하느라 비결을 오픈하는 법이 절대 없는데 친절하게 다 알려주시니까 너무 감사하다고 아직도 가끔 연락이 온다.

올해 5월에도 어머니가 담그신 고들빼기김치를 들고 직접 찾아왔다.

이제는 내 덕분에 2021년 새해에 도전하고 싶은 목표도 생겼다고 하니 감사할 일이다.

성공 비결은 내가 그랬듯, 또 이분이 그랬듯 잘하는 이를 찾아 따라하면 된다.

영업 성공 13법칙
고객의 부모는 나의 부모다

얼마 전 이관을 받은 65세의 고객이 있다. 바로 기존 계약자의 어머니이시다.

어머니는 최근 위암 수술을 받으셨고 힘든 항암 치료와 방사선 치료도 무사히 마치고 서울서 내려오셨다. 암 수술로 그리고 치료하느라 살이 10kg이나 빠지고 제대로 식사도 못하시고 있는 상태였다.

우리 회사에 보험은 있지만 관리하던 FC는 이미 그만두었고 어디서부터 어떻게 해야 할지 몰라 하던 상태에서 나에게 연락이 왔다.

집에 방문해서 보험 계약 내용을 하나씩 차근차근 설명해 드리고 필요한 서류를 알려드렸다. 마침 2주 후에 병원 방문이 예약되어 있어서 서류를 준비하셨다는 연락을 받고 또 한 번 집으로 향했다.

그때는 조금 기력이 회복된 상태라 어머니가 좋아하신다는 갓김치를 여수 언니에게 특별히 주문해서 가지고 갔다.

어머니는 갓김치를 보자 군침이 돈다고 하시면서 뚝딱 밥 한 공기 드신다.

가지고 온 서류는 타 보험 회사에도 접수할 만큼 넉넉히 발급해 오셔서 수익자와 통장을 확인하고 같이 접수해 드렸다. 이어 1주일 뒤에 전화가 왔다.

신경 써준 덕분에 보험금 모두 잘 받았다고 의논할 것이 있으니 집으로 한번 오라고 하신다.

다음날 방문을 했더니 받은 보험금을 넣을 수 있는 저축이 있는지 의논하신다. 근처에 사는 딸 이름으로 저축 보험을 계약하시고 지금 잘 유지 중이시다.

고객의 부모는 바로 나의 부모이다. 성심성의껏 도와드리자.

영업 성공14법칙
고객과 꼭 하는 약속 하나

———

고객을 만나 보험을 계약하는 일련의 과정 속에서 꼭 하는 약속이 한 가지가 있다.

"끝까지 잘 지키도록 노력하겠습니다."

고객들은 이 말을 듣고 두 가지 반응을 보인다.

'진짜?'

'감사합니다!'

고객들은 나에게 1~2년 적금을 드는 것이 아니다. 고객들의 계약은 거의 대부분 10년에서 20년이 계약 기간이다. 오랜 시간 동안 동고동락하는 사이로 발전하려면 오래오래 곁에 머물러야 한다.

"제 건강이 허락하는 날까지, 죽기 전날까지 고객 옆에 지키고 있겠습니다."

나의 일에 책임감과 사명감을 가지고 일할 때 고객들의 신뢰도는 높아진다.

오래오래 고객과 함께하는 보험재정설계사가 되겠다.

영업 성공 15법칙
지속적인 고객 만남과 관리로 제대로 된 재무 설계를 하라

"제가 갑상선 수술을 했는데, 제 보험으로 적용이 되나요?"

아침에 받은 문자 한 통이 오전 내내 머리를 지끈지끈 아프게 했다. 고객들 중에서는 보장성 보험을 엄청 싫어하는 분들이 많다. 그냥 저축만 하겠다고 해서 보장이 부족해 필요한 보험을 넣었으면 좋겠다고 설득해 보았지만 이분도 저축만 선택하신 분이셨다. 고객의 정보로 인증을 받고 보장 분석을 해보았다. 아니나 다를까 다른 회사에도 보장성 보험이 하나도 없었다.

갑상선 초기 암 수술을 받았다고 한다. 병의 경중을 떠나서 너무 마음이 아팠다. 고객에게 보험에 대한 이야기를 전하고 전화를 끊었지만 내내 마음이 찜찜했다. 고객이 저축만 하겠다고 했던 그때 조금 더 설득했더라면, 좀더 자주 연락했더라면 이런 일이 있었을까?

후회가 밀려왔다.

'고객님!!! 제발 저축하기 전에 보험부터 먼저 넣으세요. 다음에 그 병이 저축을 다 갉아먹을 수 있습니다.'

위의 사례는 안타까운 사례이고, 12년 전 만난 고객의 사례를 올려본다.

소개로 만난 고객이었고 전체적인 재정 규모를 알고 재무 설계에 대한 이야기를 나누었다. 보장은 전체 소득의 8~10% 저축은 50%(장기 30%, 단기 20%) 생활비는 30% 긴급 자금으로 10% 이렇게 이야기하고 설계를 해서 지금껏 보장 저축을 잘 유지하고 있다. 이번에 만난 이유는 자녀의 실비를 추가하기 위함이었고 백세 시대를 맞이하여 치매 보험과 암 보장의 추가를 의논했다. 보험은 그대로 묵혀두는 장이 아니다. 기본 1~3년 정도는 리모델링이 필요하고 업그레이드가 필요하다.

지속적인 고객 만남과 관리로 제대로 된 재무 설계를 하라.

영업 성공16법칙
뚜렷한 목표 설정과 실행으로
나를 만들어나가라

2016년부터 가족과 함께 시작한 프로젝트가 있다. 일명 가족 워크숍이다. 연말이나 연초에 1박 2일 정도 가족 여행을 떠난다. 그저 먹고 마시며 노는 여행이 아니라 가족 여행을 빙자한 가족 워크숍이다. 나부터 한해를 돌아보고 새해를 계획하는 시간이 꼭 필요했기에 시작한 일이다. 우리 가족 모두가 다음 해의 계획을 세우고 어떻게 실천할 것인지 얘기를 나누며 서로를 응원하는 소중한 시간을 갖는다.

그동안 카네기, 버츄, 리더십, 레크리에이션, 심리 상담, 행복 교육 등 다행한 교육프로그램을 접했던지라, 그 프로그램 중 실천할 수 있는 몇 가지를 이용하여 가족 워크숍에 필요한 자료를 만든다.

올해에도 A4 용지에

2020년 나의 작은 성공,

2021년 나의 우선순위,

2021년 나의 실천 사항,

당신의 삶이 감사한 이유는 뭔가요?

10일간 혼자만의 시간이 주어진다면 무엇을 하겠습니까?

모두 읽은 후 응원의 한마디를 해주세요.

이렇게 질문지를 만들었다. 각자 신중하게 그리고 꼼꼼하게 하나씩 하나씩 내 생각을 써내려 나가고 막내부터 돌아가면서 발표를 했다. 그리고 칭찬 한마디씩 더한다. 그다음 지난 한 해를 돌아보며 작년에 적었던 올해 목표도 함께 읽어본다. 그냥 글로만 적은 것이 아니라 실천할 수 있는 목표를 잡았기에 한 해가 지나 돌아보면, 글로 적었던 계획들을 거의 95% 이상 달성한 것을 알 수 있다. 역시 글로 쓰면 이루어진다.

우리는 살면서 여러 가지 계획과 목표를 세우며 산다. 하지만 목표가 작심삼일로 끝나는 경우가 더 많다. 작심삼일을 10번하면 30일 100번하면 300일이 된다. 잘되지 않는 부분은 포기하지 말고, 내가 꾸준히 달성할 수 있는 목표로 수정하고 다시 도전해봐야 한다.

지금의 영업 환경은 녹록치 않다. 하지만 매일 꾸준히 3명 이상의 고객과 소통하면서 고객관리를 한다는 목표를 세우고 실천한다면 최소 1W는 할 수 있다. 필자도 영업 첫해 3W를 목표로 세우고 지금껏 꾸준히 목표 달성을 해오고 있다. 이번 주가 3W 716주, 다음 주는 717주, 그리고 2021년 1월 첫 주는 718주다. 뚜렷한 목표 설정과 실행만이 당당한 나를, 성공한 나를 만들어 나갈 수 있다.

영업 성공17법칙
고객으로부터 인정을 받는
보험재정설계사가 되어라

매주 월요일 아침에 고객들에게 문자를 보낸다. 한 주도 거르지 않고 15년 이상을 보내고 있다. 월요일 아침 7시 40분~8시 30분 아침 시간에 고객들의 반응을 스케치해 보자면 '딩동 문자왔어요' "와, 유쾌한 송자 씨다"라고 외치는 고객 자녀의 목소리, 바삐 움직이다가 잠깐 멈춰서 문자를 보고 고개를 끄덕이는 사람, 바로 답장하시는 분, 바로 전화하시는 분… 다양한 반응을 보내신다.

"유 선생님의 매력은 한수 배우고 싶을 정도입니다. 좋은 하루 행복한 한 주 되십시오."

"유송자 님은 별나라 사람 같아요. 빛으로 존재는 확인되는데, 실체가 상식적으로 감지되지 않아서요. 상상의 존재, 신비의 존재처럼 ~ 늘 별처럼 빛나고 계세요!"

어떤 반응이든 참 감사하다. 지금 이 순간 함께할 수 있는 것만으로도 행복하다. 위에 올려진 답장의 문자는 저장해 놓고 늘 보고 또 본다. '매력 있는 사람, 별 같은 사람, 인정받는 사람이 되어가고 있구나.' 문자를 보며 행복하고 감사하고 또 감사하다. 그냥 업무적인 것, 일적인 것을 떠나 누군가에게 한 사람으로서 대

접받고 인정받는다는 사실에 자존감과 행복감도 덩달아 올라간다. 고객들에게 꾸준하게 더 잘해야겠다는 생각을 한다.

일에서 성공하려면, 아니 성공적인 인생을 살려면 고객으로부터 인정을 받는 보험재정설계사가 되어라.

영업 성공18법칙
고객의 거절은 다음을 위한 저축으로
다음의 만남을 위한 기회로

우리는 오늘도 무수히 많은 사람을 만나 상담을 하고 무수히 많은 거절을 당한다. 미국 금융업계의 '과학적 마케팅 기법의 원조'인 프랭크 베트거는 "고객의 거절 62%는 가짜 거절이다. 진짜 거절은 38%에 지나지 않는다"라고 말했다. 이처럼 고객은 처음에 바로 'YES!'하는 경우는 드물다. 마치 연인 사이에 '밀당'하는 것처럼 말이다.

'오늘 만나서 오늘 바로 계약을 오케이하는 것은 오늘 만난 사람이 한눈에 반해서 바로 오늘 결혼하겠다'는 의미라고 선배님들이 말씀하신다. 물론 그런 경우도 가끔은 있다. 소개자가 엄청난 신뢰를 가지고 이야기했거나 가족일 경우는 예외이다.

오랜 시간 함께해야 하는 부부가 된다는 것은 신중하고 또 신중하게 결정해야 한다. 보험도 마찬가지이다. 기본 계약 기간이 10~20년 이상 함께해야 하는 보험이기에 바로 'YES'인 경우보다 적어도 2~3번 이상 거절하다가 4~5번 이후에 오케이하는 경우가 많다.

자기계발과 동기부여의 대가인 지그 지글러는 《진심을 팔아라》라는 책에서 "거절은 세일즈맨에게 고객의 요구와 필요를 충족시킬 수 있는 통찰력을 준다"고 말했다.

보험 영업에서는 언제 어느 순간에서든 거절당할 수 있다고 생각해야 된다. 그러므로 항상 철저히 준비하고 노력해야 한다. 끊임없이 학습하고, 보험 상품에 대해서든, 고객의 심리와 자기관리에 대해서든 늘 공부하고 준비해야 한다. 고객과 이야기할 거리를 많이 만들어야 한다. 고객의 거절은 다음을 위한 저축으로 다음의 만남을 위한 기회로 만들어라.

영업 성공19법칙
고객의 마음을 읽어라

—

자궁 수술을 앞둔 고객을 만나러 갔다. 2주 전에 만났을 때, 자

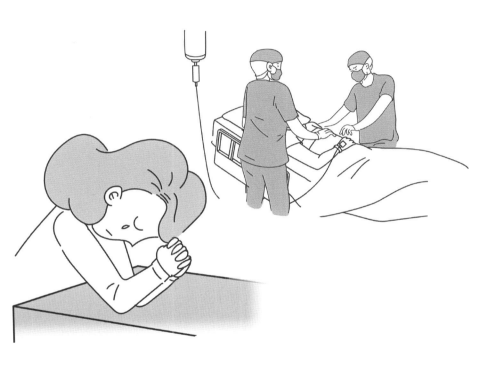

궁 수술을 한다고 마음이 불편하다는 이야기를 들었다.

"제가 특별히 나쁜 일 한 것도 없는데, 제가 수술을 하다니요. 우리 가족들도 다 건강한데…." 약간은 불안하고 또 초조해하던 고객의 표정이 2주 동안 내 머릿속을 떠나지 않았다.

얼마나 힘이 들까?

얼마나 불안할까?

얼마나 아플까?

그 고객이 마치 나인 것처럼 나도 불편하고 마음이 안 좋았다. 일요일에 입원을 해서 월요일에 수술을 한다는 '카톡'을 받고 다시 한번 고객의 사무실로 향했다. 면역력을 올려주는 홍삼 제품과 수건, 칫솔을 준비했다. 손을 잡아주고 토닥이고 이야기할 수는 없었지만 눈빛으로 마스크에 가려져 보이지 않는 입술의 언어로 나의 마음을 표현했다.

"입원은 잘 하셨나요? 일주일 동안 푹 쉬고 뒹굴뒹굴 휴식을 취하고 오세요. 그동안 잘 관리했으니 수술도 물론 잘될 겁니다. 기도하고 있을게요."

고객이 답장을 보내온다.

"감사합니다.^^ 신경 써 주신 덕분에 위로가 되었습니다. 좀 전까지 자옥이가 보호자로 따라다니면서 같이 있어줘서 너무 감사하게 잘 입원했어요. 감사합니다~~"

고객의 쾌유를 기도하면서, 이 글을 쓴다.

영업 성공20법칙
나만의 강점은?
○○하면 떠오르는 것은?

2006년 보험업에 몸을 담고 다음 해인 2007년에 정경채 멘토님의 고객관리에 대한 사내 강의를 듣고 터틀스 모임에 들어갔다. 이름 그대로 'TURTLES'는 거북이처럼 성실히 꾸준하게 일하는 사람들의 모임이었다. 이 모임에서는 한 달에 한번 오프라인 모임하고 매일 일지를 써서 카페에 올린다. 터틀스 모임에 가입하고 하루도 빠짐없이 꾸준히 일지를 써왔더니 벌써 카페에 쌓인 일지가 5,000개 가까이 되었다.

나만의 강점은 바로 성실함과 꾸준함이다. 유송자하면 떠오른 것은 성실함과 꾸준함이다. 고객들은 모두 자신을 담당하는 설계사가 오래오래 함께하기를 바란다.

가끔 이관 고객들을 만나다 보면 담당자의 부재에 대해 엄청난 불신을 가지고 있다.

'내가 누구를 믿고 보험을 들었는데, 그만두고 연락도 안 되고….'

이 불신이 보험을 유지하지 못하게 되고, 한두 번 연체가 되다가 결국엔 실효, 해약으로 이어진다. 정말 필요할 때 고객에게 도움이 되어야하는 보험이 담당자의 부재로 관리가 안 되어 해약까지 가게 되면 고객을 지켜야 할 순간에 힘이 되어주지 못한다. 우리가 하는 보험·상담·설계·청약은 고객을 지키는 소중하고 멋진 일임을 잊지 말아야 한다.

성실과 정직, 공부와 노력, 열정 등 나만의 무기는 무엇인지 생각하고, 혹여나 지금 나만의 무기가 없더라도 개발할 것은 무엇인지 생각하고 실천해야 한다. 남과 같아서는 치열한 경쟁에서 살아남을 수 없다.

아침형 인간이라면 새벽에 일어나 자신만의 시간을 갖고 독서, 운동, 글쓰기 등 자기계발을 하는 시간을 가지고 저녁형 인간이라면 퇴근 후 1~2시간 정도 자기계발을 하며 자기를 관리하는 시간을 만들어야 한다. 그리고 매일매일 실천하는 습관이 나만의 강점으로 자리 잡아서 고객의 머릿속에 고객의 가슴속에 나의 이미지가 그려져야 한다.

영업 성공21법칙
고객과 눈높이를 맞추어라

15년 전부터 알고 지내던 미용실 원장님으로부터 전화가 왔

다. 최근 취직한 딸의 보험 상담을 하기 위해서였다. 판소리 공부를 하고 싶어 명창님을 뵈러 갔다가 그때 미용실 원장님을 만났고, 쭉 인연을 맺고 같이 판소리를 공부한 분이다. 늘 일에 열심이고 자기관리도 열심히 잘 가꾸는 멋진 분으로 미용실 화장실 벽에 붙여진 자기관리 명언들과 책 속의 글 한 줄 한 줄들이 지금도 기억이 난다.

원장님은 그때 당시 나와 인연을 맺고, 병원에서 물리치료사로 근무하던 큰딸의 보험을 계약하고 지금까지 잘 유지 중이다. 큰딸과의 인연으로까지 이어져 결혼해 낳은 아이의 보험까지 나에게 계약했고, 본인의 부족한 보험을 업그레이드하면서 인연이 오래 지속되고 있다.

또한 미용실 원장님은 주변에 많은 보험재정설계사가 있으나 오래오래 관리하고 깊이 있게 공부한 사람은 유송자 이사밖에 없다고 칭찬해 주시며 보험 상담을 의뢰하셨다. 딸의 현재 경제 상황과 직업 등을 물어보고 내 딸의 보험을 넣는 것처럼 설계해서 이메일로 보내고 설명하고 궁금한 점을 다시 설명해 주다 보니 일주일이 지났다.

주말을 잘 보냈느냐는 나의 '카톡'에 퇴근 무렵 전화가 왔다. 내가 설계해 준 내용을 보험에 대해 잘 안다는 회사 선배 직원에게 물어봤더니 잘 설계했고 보장도 괜찮다고 목소리 톤이 높아지며 밝은 목소리로 이야기했다.

보험은 급여의 몇 퍼센트가 적당하냐는 질문에 8~13%로, 기본은 8% 정도이나 유전이나 가족력이 있거나 건강 염려증이 있으면 13% 정도까지 설정하는 경우가 있다고 설명했다. '내 딸들의 보험은 어떤가?'의 질문에 딸들은 15% 정도 넣고 있다고 말씀 드렸다. 워낙 사건 사고와 질병에 걸린 고객들의 보험금을 청구할 때면 보험이 더 중요하게 여겨져서 더 증액을 하게 된다고 답변을 했다.

조금 더 질문할 거리들을 확인하고 최종 결정을 내렸다. 전자 청약 링크를 보내주면 집에 가서 차분히 청약하겠다고 한다. 다시 처음 요청해 준 엄마에게 전화해서 보험 설명을 드리고 딸의 이야기를 전달해드렸다.

보험을 의뢰한 고객의 입장에서 설명하고 고객의 눈높이를 맞추면, 고객은 당신을 신뢰할 것이다.

영업 성공 22법칙
나만의 영업 철학이 있는가?

철학을 한다는 것은 사는 방법을 배우는 것이다.
___스피노자

철학은 상식의 긍정이며 확인이다. 결국 상식의 끊임없는 새로운 해석이다.

＿도올 김용옥

★

얼마 전 멘토님이 하신 말씀이 생각이 난다.

'영업은 발견이다.'

'첫 만남에 청약을 하는 것은 남녀가 첫 만남에 결혼하자고 하는 것과 같다.'

100번 지당한 말씀이다.

내가 만나는 모든 사람들이 모두 나의 고객은 아니다. 하지만 병원에서 환자를 돌보듯이 이미 나의 고객이 된 것처럼 사람을 만나는 것이 나만의 영업 철학이다.

오늘도 독서 모임을 함께하는 선배님께 용기 내어 만남을 요청했다. 용기를 내어 만난 것은 1주일 전 새해 계획을 발표할 때 자신만의 철학이 뚜렷해 보여서 그 이야기를 더 듣고 싶어 만날 약속을 잡고 만나게 된 것이다. 내가 휴먼 컬러를 설명할 때도 눈을 반짝이면서 이야기를 나누고, 자신의 아픔으로 수술과 항암 치료를 했던 이야기를 할 때는 진지하고 '조근조근'하게 앞으로의 목표나 꿈을 이야기할 때는 자신감에 찬 목소리로 이야기를 나눴다. 달력과 수첩, 소식지를 챙기고 '다 때가 있다'는 문구가 적혀진 때 타월과 한 끼 식사를 챙겨드리고 싶어 현미 찹쌀을 준비해 갔다.

부담스럽지 않게 보험에 대해 이야기를 나누고

첫째

둘째

셋째…

선배님에게 지금 필요한 보험과 세금, 상속에 대한 나의 소견을 전달했다.

결정은 내가 아니라 상대방이 하는 것이기에 오늘도 나는 고객관리하듯 선배님을 만나 최선을 다했다.

영업 성공23법칙
give하고 또 give하라

벌써 16년째, 매년 11월과 12월은 새해 달력을 만들어 보내느라 분주하다. 올해도 약 1,000부의 달력을 만들었고 스티커를 붙여서 고객들께 발송했다.

아침에 고객으로부터 문자가 왔다.

"탁상 달력 2개만 보내주세요."

"네네, 주소 다시 한번 확인 부탁드립니다. 오늘 발송해드리겠습니다."

"안녕하세요. 혹시 내년 달력 배송 받을 수 있을까요? 달력이 올해는 구하기가 힘드네요."

"한 달 전에 보냈는데, 주소 한 번 부탁드립니다."

그래서 11월과 12월엔 귀한 달력을 매년 챙겨주어 고맙다고 하는 분, 2~3개 더 달라고 하시는 분, 주소가 바뀌어서 못 받았다고 하시는 분 등 다양한 연락을 받는다. 고객들에게 선물로 드리는 달력이 새해를 잘 설계하고 꼼꼼하게 메모하는 역할을 잘해서 모든 고객들이 다 건강하고 행복하고 잘되기를 기도한다.

give하고 또 give하라.

영업 성공 24법칙
고객의 이야기에 경청 또 경청하라

—

3개월 전, 가슴 통증과 부종으로 약 2주간 입원을 한 고객이 있었다. 병문안을 갈 때마다 한 시간 정도 병실에서 말벗이 되어드리고 마음의 안정을 찾을 수 있게 도와드렸다.

2주 후, 퇴원을 하고 보험금 청구를 도와 드리고 가족의 보험

이 부족하다는 이야기를 하셨다. 바쁜 일 마무리되면 보자고 말씀하셨고, 10일 뒤에 직장으로 찾아가 배우자와 딸들의 보험 설계안을 보여드렸다. 꼼꼼히 살펴보시고 지출을 확인해보신 후 보험료를 재조정, 재설계한 후 보험 청약을 받을 수 있었다.

계약한 증권이 나와서 얼마 전 방문을 했다. 그간에 있었던 이야기들과 앞으로 일에 대한 방향, 건강에 대한 이야기 등 1시간 동안 여러 이야기를 다 마치신 후 묵은 체증이 쑥 내려간 것 같다고 나와 이야기를 하면 기분이 좋아진다고 하신다. 그리고 여러 가지 정보를 얻을 수 있어서 좋다고 하신다.

고객은 이야기하고 싶어 한다. 고객은 친구가 필요하다. 고객은 터놓고 이야기해도 아무 일이 일어나지 않는 나를 신뢰한다.

오늘도 나는 고객의 말벗이 되기 위해 고객이 계시는 곳으로 향한다.

고객과 전화 데이트를 한다.

영업 성공25법칙
기록하고 또 기록하라

———

나의 기록 습관은 간호사 시절 고객의 차트를 쓰는 것부터 시작되었다.

환자가 오면 혈압과 맥박, 체온 등 바이탈을 기록하고 어디가 아픈지, 언제부터 아팠는지 기초적인 질문부터 가족력이나 과거력 등의 복잡한 질문까지 토씨 하나 빼놓지 않고 기록하여 의사나 다른 간호사에게 전달한다.

그제야 비로소 치료는 시작된다.

이런 습관 덕분에 고객과의 상담도 고객관리 평생일지에 빼놓지 않고 기록한다.

오늘 아침에도 내 보장 분석을 의뢰한 고객과 30분 정도 전화통화를 했다. 엄마가 당뇨로 약을 드시고 있고 최근 암 환자가 주변에 많이 생겨서 암 보장을 고민 중이고 아이들이 어려서 사망 보험금이 고민이라고 이야기를 했다.

고객의 니즈에 맞게 그리고 고객의 생활 수준에 맞게 보험을 설계한다. 보험은 계약도 중요하지만 유지하는 부분이 더 중요해서 납입 여력이 있는지 다시금 물어보고 최종안을 메일로 보낸다. 충분히 이야기를 듣고 그 내용을 재차 반복해서 설명하고 기록하는 순서로 고객관리를 하다 보니 고객들은 가족의 힘든 이야기, 본인의 고민 등등을 나에게 모두 이야기한다. 나의 일은 고객의 보험재정사이면서 조력자이자 상담가이다.

오늘도 고객의 이야기를 잘 경청하고 기록하고 또 기록하라. 그래야 다음 상담으로 이어진다.

내 발바닥의 땀만큼이 내 영업의 성공이다

월요일 아침, 영업을 시작한 지 이제 막 두 달이 된 여자 후배가 상담을 하고 싶다고 찾아왔다. 편안하게 자리에 앉게 하고 따뜻한 차 한 잔을 준비해 주고 마침 탁자 위에 고객께 드리려고 챙겨뒀던 한방 샴푸가 두 개 놓여 있어서 한 개를 선물로 주고 이야기를 나누었다. 상담의 내용은 점점 자신감이 없어져서 고객을 만나기 힘든데. 어떻게 하면 좋을지 막막하다고 했다.

나도 자신감이 없고 고객을 만나기 힘들어 어떻게 하면 좋을지 막막할 때가 있었다고 말해주었다.

영업은 머리로 하는 것이 아니다.

'이 고객은 찾아가면 안 만나주겠지.'

'이분은 전화를 안 받을 것 같아.'

'이분 주변에는 많은 설계사들이 있을 거야'

…… 등등

머릿속으로 스스로 상대방의 거절을 생각하면서 고개를 끄덕이고 있다. 그러고는 2시간 3시간을 멍하니 앉아 있다가 결국은 고객을 만나러 나가지 못하고 책상과 친구할 때가 많았다.

그 후배에게 고객이 먼저 '어서 오라'고 지인들이 '어서 오라'고

하는 경우는 드물다고, 내가 먼저 전화하고 고객을 만나고 제안서를 내밀고 설명을 하고 고객의 안부를 묻고 관심사에 대해 공감할 때 고객은 비로소 나의 이야기를 듣고 응대해준다고 말해주었다. 내 머릿속으로 하는 영업이 아니라, 내 발바닥의 땀만큼이 내 영업의 성공이다.

자신감이 자꾸만 떨어진다고 느낀다면, 지금 자리를 박차고 고객을 만나러 나가자.

영업 성공27법칙
삶이 곧 영업이고, 영업이 곧 삶이다

───

오늘 오랜만에 이관 고객과 통화를 했다. 이분은 이관을 받고 찾아갔을 때 편안하게 반갑게 맞아주시던 분으로 기억을 한다. 벌써 8년 전, 이관을 받고 이분과 첫 통화를 했을 때 계신 곳이 제. 주. 도였다.

"고객님 한 번 만나러 가겠습니다."

"여긴 제주도인데요."

"상관없습니다. 제주도로 갈게요."

그렇게 대화를 주고받고 3일 후 고객을 만나러 비행기를 타고 제주도에 도착했다.

광주 먼 곳에서 왔다고 점심도 사주시고 따뜻한 차도 사주셨다. 차를 마시며 유지 중인 보험을 모두 설명하고 부족한 부분에 대해 이야기를 했을 때 흔쾌히 부족한 부분을 보충하겠다고 이야기하셨다. 그 뒤, 보험을 설계해서 다시 제주도에 가고 2건의 계약을 할 수 있었다. 우리는 하루 세끼의 밥을 먹고 일을 하고, 사람을 만나고 여러 상황들을 마주하며 삶을 사는 것이다. 영업도 마찬가지다. 고객과 밥을 먹고 차를 마시고 보험에 대해서도 다른 일상에 대해서도 이야기를 나누고 삶을 사는 것이다.

영업과 삶, 삶과 영업! 영업이 삶이고 삶이 영업이다. 잘 살았을 때 할 말도 생기는 법이다.

행복의 한쪽 문이 닫히면 다른 쪽 문이 열린다. 그러나 흔히 우리는 닫힌 문을 오랫동안 보기 때문에 우리를 위해 열려 있는 문을 보지 못한다.
___헬렌 켈러

성공해서 만족하는 것은 아니다. 만족하고 있었기 때문에 성공한 것이다.
___알랭

당신이 할 수 있다고 믿든, 할 수 없다고 믿든, 믿는 대로 될 것이다.
___ 헨리 포드

영업 성공28법칙
우리는 어떤 것을 파는가?

———

고객은 우리가 권하는 보험 상품을 사지 않는다. 상품은 외형적 형태일 뿐 고객은 '마음의 안정'을 구매한다. 미래에 발생할지 모르는 위험을 보험으로 대비하고자 하는 행동이다.
___《평범함에서 탁월함으로》

고객들에게 빨리 그리고 자주 말하라.
___ 윌리엄 리글리 2세

　몇 년 전, 고객으로부터 급한 전화가 왔다. 주말에 마라톤대회에 나가는데 '보험을 조금 업그레이드하고 가야겠다'고 이야기했다. '마음이 약간 불안하다'고 '보험을 넣고 가야 안심이 되겠다'고 이야기해서 고객을 만나러 갔다.
　고객의 안부를 묻고 세상 돌아가는 이야기를 나누고 종신 보험을 증액했다. 그리고 주말이 되어 고객에게 잘 뛰고 오시라고 문자를 보냈다. 물론 오후에 잘 뛰고 왔다고 문자가 왔다. 고객은 보험을 넣고 마음의 안정을 얻고 편안한 마음으로 마라톤 행사에 참여한 것이다.

이 고객 같은 경우엔 마라톤대회라는 미리 예정된 계획이 있었지만 우리는 갑작스러운 일들과 예견되지 못한 사건 사고를 만난다. 이런 사건 사고들 그리고 혹시나 하는 일들에 보험은 늘 좋은 역할을 한다. 너무 일찍 찾아오는 죽음이나 질병, 사고 및 노후를 잘 준비할 수 있고 고객들이 마음의 안정을 찾을 수 있도록 오늘도 한 사람, 한 사람 정성으로 대하자.

영업 성공29법칙
간절함으로 더욱 간절함으로

목표 달성은 간절함이 있어야 가능하다. 매년 회사에서는 보험재정설계사들의 영업을 독려하기 위해 여러 가지 프로모션을 내놓는다. 그중 하나가 가장 더운 7~8월 영업에 집중하게 하기 위해 썸머 페스티벌을 한다.

열정 가득한 여름에 더욱 열정을 불태워 썸머 콘테스트를 준비하자는 이유인데, 덥고 땀나고 쉽게 피로해지는 여름의 영업은 정말 힘들다. 그래도 성실히 일하니 2020년도 12년 연속 썸머 달성을 했다. 쉽지만은 않은 영업 환경 속에서 지속할 수 있었던 이유는 간절함으로 뛰었기 때문이다.

'간절하게 꿈꾸면 이루어진다'

'생생하게 꿈꾸면 이루어진다'

《김밥 파는 CEO》 김승호 대표의 책을 읽고 꼭 이루어야 할 목표가 생기면 100일 동안 100번씩 쓰는 버릇이 생겼다. 2017년 여름엔 유독 영업이 힘들고 일들이 잘 안되어 하얀 백지에 나의 목표를 100일 동안 100번을 써봤다.

썸머 달성, 썸머 달성… 꼭 될 거라는 간절함과 믿음으로 그리고 그 마음으로 고객을 만났더니 정말 이루어졌다. 썸머 콘테스트를 달성하게 된 것이다. 그때 내가 100번 쓴 종이는 신한라이프(오렌지라이프) 전국 방송에서 회자되기도 했다.

간절함, 더욱 간절함으로 영업하면 이루어진다.

영업 성공30법칙
따뜻한 전화로 고객을 사로잡아라

독서 모임을 함께하고 있는 후배로부터 문자가 왔다.

"선배님. 보험 설계도 하신다고 하셨죠? 저희 엄마가 보험 전체를 점검 받아보고 싶다고 하셔서 문의 드려요?"

"감사합니다. 어떻게 점검 도와드릴까요? 8~9시경 통화 할까요? 편안한 시간 알려주시면 감사하겠습니다."

"오늘은 저녁에 통화되실 거고요. 내일은 언제든 통화 가능하시다 네요."

어머님의 연락처를 받고 전화번호 저장 후 문자를 보낸다. 소개의 경로와 감사 인사, 나의 명함과 함께 간단한 나의 소개 그리고 전화를 하기 전 "지금 전화 드려도 될까요?" 똑똑 노크를 하고 전화를 드린다.

아침 따뜻한 인사와 함께 17분간의 통화를 했다. 마치 10년 전부터 알던 사람처럼 편안하게 전화를 했다.

내가 필요한 부분을 조용조용 여쭈어보고 질문하고 그러다 보면 자연스럽게 본인의 감정과 현 상태도 이야기하고 약간의 추임새로 다독여드리고 약간은 울컥한 이야기도 하신다. 공감대 형성을 적절하게 하다 보니 20여분이 다 가고 저녁에 정리 후 말씀드린다고 전화 통화를 마무리했다.

고객들은 누군가와 이야기하고 싶어 하고, 나의 이야기를 들어주라는 무언의 제스처를 보인다.

이때를 놓치면 안 된다. 바쁘다고 한 귀로 듣고 한 귀로 흘리면 안 된다.

작은 이야기도 귀 기울여 주어야 한다.

모두 다 위로받고 칭찬받고 격려를 받고 싶어 한다.

나의 건강은 바로 고객과의 약속이다

———

건강을 당연하게 받아들이지 말아라. 대체로 건강을 잃기 전에
는 건강에 대해 감사할 줄 모르는 법이다. 물론 평생 건강하다면
바랄 나위가 없을 것이다. 하지만 건강할 때 그 건강을 유지할
수 있는 일들을 적어도 세 가지 정도는 매일 의식적으로 행해라.

___어니 젤린스키

내가 건강을 지키기 위해 하는 운동이 그동안 여러 가지가 있
었지만 지금은 딱 세 개로 정리를 하고 있다.

첫째는 만보 걷기

둘째는 맨발 걷기

셋째는 스쿼트하기

만보 걷기를 재도전한 것은 11월 말부터다. 11월 인생 약사님

의 특강 중 만만세 클럽 회원으로 활동하고 있다는 강의 내용에 자극을 받았다.

2016~18년까지 3년 정도 만보 걷기를 매일 하다가 최근 6,000보 정도밖에 못해서 다시 시작했다. 지금은 두 달째 하루도 거르지 않고 하고 있는 만보 걷기가 재미있다. 그 재미있는 활동을 위해 요즘은 눈이 오고 길이 미끄러워서 아파트 지하 주차장을 한 시간 이상 걷고 있다. 걷는 동안 보고 싶은 사람과 통화도 하고 유튜브 특강도 들으며 걷는 시간을 즐겁고 행복한 시간으로 만들고 있다.

둘째는 맨발 걷기이다. 2020년 7월경 《관상 경영학》 김태연 저자의 강의를 부산에서 들었다. 그때 작가님의 탄탄한 몸매의 비결이 궁금해서 용기 내어 건강비법이 무엇이냐고 질문을 했었다. 건강비법이 맨발 걷기라는 이야기를 듣고 6개월 전부터 실천해서 지금은 188일차 진행 중이다.

물론 비가 오나 바람이 부나 눈이 오나 하루도 거르지 않고 조금이라고 실천하려고 노력하고 있다.

셋째는 스쿼트이다. 12월 말경에 금요 조찬 포럼에서 습관 전문가인 김종삼 대표님의 강의를 듣고 그날부터 지금껏 실천 중인 근육 운동이다. 11개로 시작한 스쿼트를 지금은 33개 이상하고 있다. 이렇게 운동에 정성을 기울이는 이유는 고객과의 약속 덕분이다.

'고객님 제 건강이 허락하는 그날까지 지켜드리겠습니다'라고 약속을 했고, 그 약속을 지키기 위해 오늘도 열심히 활기차게 운동을 한다. 나의 건강은 바로 고객과의 약속이다.

영업 성공32법칙
소개받은 고객을 만나는 나의 태도와 마음가짐

—

사람은 남을 대하는 그 태도에서 행복이 결정된다.
___플라톤

사람들 간에는 거의 차이가 없으나 작은 차이가 커다란 차이를 만든다. 이 작은 차이는 태도인데 적극적이냐 소극적이냐 하는 것이다.
___클레멘스톤

일주일 전, 독서 모임을 함께하는 선배님의 어머님을 소개받고 가기 전 '내 보장 분석'을 위해 인증을 받고, 약속을 잡기까지 일주일이 걸렸다. 가는 날 눈발이 날렸고 주소를 제대로 받아 적지 못했는지 한참을 헤매었다.

결국 차를 아파트와 멀리 주차하고 공원길을 따라 겨우 사는 곳을 찾아 벨을 눌렀는데….

　"안녕하세요. 전화 드린 유송자입니다."

　"근데 누구세요? 집 잘못 찾아오신 것 같은데요?"

　"○○○댁 찾아왔습니다."

　"여기 그런 분 안 사는데요."

　집주소를 메모해 둔 파일에도 305호라고 적혀 있었는데, 이곳이 또 아닌가, 나와서 전화를 드렸다.

　"여기는 1105호예요."

　전화로 받아 적은 주소라 제대로 못 들었나 보다. 부랴부랴 다시 11층으로 가서 딩동!!!

　"안녕하세요. 유송자입니다."

　"어서 오세요. 들어오세요."

　따뜻하게 이쪽으로 오시라며 챙겨주신 안방 편한 자리에 앉았다. 이야기를 나누기 편하게 상을 가지고 오시는 동안 준비해 간 선물들을 꺼냈다.

　마스크 박스와 달력과 수첩 그리고 오늘 치과를 다녀오셨다는 소릴 듣고 칫솔 치약 세트까지 바리바리 풀어놓았다. 마치 친정 엄마를 만나러 온 것처럼….

　그리고 전화로 미리 이야기 드렸던 보장 자료와 고객 차트를 상 위에 펼쳐두었다. 혈액형, 생일, 가족력, 좋아하는 음식, 좋아하는 색깔, 종교 등 고객을 만나면 물어보는 기본 정보들을 물어보고 이제 보장 이야기로 넘어갔다.

눈 맞춤을 하고 하나하나 친절하게 색 볼펜으로 밑줄을 그리면서 설명을 해드렸다. 어머니는 고개를 끄덕끄덕하시면서 이야기를 듣고 질문을 하고…. 중간중간 어머니의 표정도 찬찬히 관찰하면서….

이야기를 모두 마치자 어머니는 미소를 지으신다.

"어머니 오늘 상담 어떠셨어요?"

"하나씩 설명 듣고 나니 지금 '내 보장 상태'를 잘 알 수 있고 수입이 없는 상태라 보험을 조정할 것들이 눈에 보입니다."

"……."

"감사해요. 감사합니다."

저녁에 아드님과 전화를 하셨는지, 아드님의 보장도 점검을 받고 싶다고 말씀하신다.

첫 만남이지만 마치 10년 전부터 알고 있는 사람처럼 다정하게 그리고 진실하게 상담을 했다. 소개받은 고객은 자칫 잘못하면 경계의 대상이 될 수도 있다. '가지고 있는 보험 모두 깨시고 새로 저에게 넣으세요'라고 했던 보험설계사들이 있어서 더더욱 그렇다. 고객은 평가를 받기 위해 우리를 만나지 않는다. 인정받기 위해 우리를 만난다.

고객을 향한 인정은 진솔함으로 다가가고 내 이익이 아닌, 고객의 이익을 먼저 생각하는 태도에서 나온다.

오늘도 그 마음으로 내일도 그 마음으로 모레도 그 마음으로 고객을 만나러 가야한다.

고객을 만나러 가기 전
모든 가능성을 준비해서 만나라

───

세상을 보는 데는 두 가지 방법이 있습니다. 모든 만남을 우연으로 보는 것과 기적으로 보는 것입니다.

___알버트 아이슈타인

며칠 전, 고객에게 증권을 전달하기 위해 약속을 잡았다. 만나러 가기 전, 사무실에서 고객의 '내 보장 분석'을 먼저 해보니 부족한 보장이 눈에 띄었다.

일단 고객의 납입 여력을 고민해서 필요한 보장의 설계를 준비하고 요즘 술을 즐겨 마신다는 고객의 간을 보호하기 위한 간장약을 준비했다.

지난번 만남 때, 고객은 저축 목적으로 가입한 보험을 10년간 쭉 유지하기로 약속을 했다.

그때도 부족한 보장에 대한 이야기를 나누었으나 보험을 그다지 좋아하지 않고 가지고 있는 보험 한 건도 실비를 추가한 생명보험으로 부모님이 내고 계셨다.

고객 사무실에 방문해서 보험증권을 전달하고 숙취 때문에 힘들어 하는 고객을 위해 미리 준비해 간 간장약을 챙겨드렸다. 그리고 증권을 펼치며 설명을 드렸고 내 보장을 보여드리고 보장 분석을 했다.

고개를 끄덕이며 신중히 듣고 있던 고객은…

"네네, 보장이 부족한 것이 보이네요. 요즘 피곤하기도 하고 술을 많이 마시기도 하고…. 그래서 준비했어요. 고객님 보장을 업그레이드할 수 있는 플랜으로요."

그 시간이 한가하고 여유로운 시간이기도 했고, 과음으로 힘든 시간이기도 했고, 보장이 부족하다는 것을 '내 보장 파일'에서 발견하기도 해서 결정을 내렸다.

"네, 준비해 온 보장으로 하지요."

'감사합니다. 챙겨드릴 수 있어서 보람이 있네요.'

아이패드를 켜고 하나씩 다시 설명을 드리고 청약을 받았다. 고객 스스로 원해서 보험을 넣는 경우는 극히 드물다.

우리가 먼저 챙기고, 늘 준비되어 있어야 만들어진다.

영업 성공34법칙
고객이 가지고 오는 서류를
읽을 수 있도록 공부해라

고객들이 나를 필요로 할 때는 많지만, 그중 가장 필요로 할 때는 보험금을 청구할 때이다. 고객들은 진단서나 소견서를 사진으로 찍어서 보내거나 팩스로 보내고 전화를 한다.

생소한 의학용어와 진단명들도 담당 설계사가 모든 것을 다 알 것이라는 믿음을 고객들은 가지고 있다.

이럴 때, 15년간 간호사로 근무했던 것이 얼마나 도움이 되는지 감사하고 또 감사하다.

요즘은 약관 공부나 의학용어 공부로 조금 더 진단서나 소견서 등의 서류를 잘 보려고 공부하는 설계사가 많아졌지만, 과연 고객의 질문에 자연스럽게 답을 줄 수 있는 설계사는 몇 명이나 될까?

오늘도 고객이 가지고 오는 서류를 읽을 수 있도록 공부해야 함을 깨닫는다.

얼마 전 고객이 진단서와 소견서 영수증과 진료비 세부내역서까지 총 9장을 팩스로 보냈고 청구해 달라고 전화를 해왔다. 병명은 저혈당과 고지혈증 그리고 치핵이었다. 입원만 10일 했고 수술은 아직 하지 않았다고 했다.

고객과 통화 후 보험금을 청구한 그날 입원비는 바로 나왔지만 실비는 심사 중이다.

익숙하게 진단명에 대해 이야기하고, 고객의 마음을 편하게 해 드리려고 건강에 대한 정보를 드리고 나니 비로소 마음이 편해 졌다고 말씀하신다.

우리가 하는 일은 고객의 마음을 이해하고 고객의 몸을 이해 하고 고객을 도와주는 일이 우선이다.

영업 성공35법칙
기다림의 미학

신중하되 천천히 하라. 빨리 뛰는 것이야말로 넘어지는 것이다.
___셰익스피어

이번 주가 3W 719주가 되는 날이다. 매달 마감이 아니라 매주 마감을 하고 있는지라 마음이 급해지는 것은 사실이다. 그러나 조급하게 서두른다고 모든 계약들이 제대로 나오는 것은 아니다.

한 달 전에 보험 의뢰를 한 지인이 2주간 고민하다가 보험 청약을 했고, 청약 당시에 부족한 부분이 있어서 한 건 더 청약할 마음으로 설계안을 가지고 갔었다.

고객의 '내 보장 분석'을 파악하고 준비해간 서류를 꼼꼼하게 설명했더니 고개를 끄덕끄덕했다.

'오늘 한 건 계약하겠구나' 속으로 희망을 품었는데 "차분히 다시 읽어보고 연락할게요"라고 한다.

고객의 반응에 마음이 불편해지면 조급증이 올라온다. '에이 그냥 하시지'라고 말하고 싶었으나 참았다. 말을 삼켰다. 고객의 집을 나서며 '나는 오늘 최선을 다했고 충분히 설명을 드렸다'라며 스스로 토닥토닥 격려를 했다. 사무실에 도착해서 고객에게 오늘 증권 전달에 대한 이야기와 추가 보장에 대한 이야기를 짧게 톡으로 남기며 3일 후에 다시 연락하기로 마음을 먹었다.

3일 후 고객과 전화를 시도하고, 문자를 보냈는데 반응이 없었다. 7일이 지나서야 "네, 오세요"라는 말에 고객의 집에 방문을 하니 그동안 일이 있어서 바빴고, 서류를 다시 읽어보고 고민할 시간이 없었다고 한다.

'그래그래, 모든 일이 내 위주로 내 일정에 맞춰 돌아가는 것은 아니지. 그때그때 상황은 달라질 수도 있지' 다시 출력한 설계안에 꼼꼼하게 밑줄을 그으며 설명하고 기존 보험에 있는 부분과 현재 보험 여력을 쭉 분석하고 재설계를 했다. 30분 이상을 다시 재설계를 해보고 드디어 결정, 이번 주 첫 계약을 했다. 짝짝짝

~~~ 두 번째 청약 축하드립니다.

약 5년 전에 소개를 받고 급하게 청약을 한 사례가 있었다. 고객은 '다음 주에 할게요. 고민해 보고 연락드릴게요'라고 했는데, 나는 급한 마음에 고객의 청약을 받았고, 2시간 후에 청약을 철회하는 마음 아픈 일이 있었다. 우리에게는 고객의 마음을 읽고 기다리는 시간이 필요하다.

조급해하지 말자, 충분히 고객의 이야기를 들어주자.

영업 성공36법칙
내가 만나는 모든 사람들이 가망고객이다

어제는 시 낭송을 하는 선생님이 점심을 챙겨주신 아름다운 날이었다. 그 선생님과의 첫 만남은 약 3년 전, 독서 모임 워크숍에서였다. 그날 정말 우연히 무대에 깜짝 출연해 시 낭송을 했다. 시나 시 낭송에 대해서는 그저 동경만 하고 있던 터라 그날의 그 울림과 파장은 이루 말할 수 없을 정도로 컸었다.

그렇게 나에게 첫인상을 강렬하게 심어준 선생님은 몇 달 후 나에게 같이 밥 먹자고 연락을 주셨다. 직접 집에서 밥을 하고 국을 끓이고 반찬을 만들어 챙겨주신 나만의 밥상! 그 겨울, 그날은 정말 행복한 날이었다. 그리고 또 몇 달이 지나 지난번과 마찬가지로 직접 해주는 '집밥'으로 함께 식사를 했었다. 두어 번 더 밥을 챙겨주셨고 어제가 아마 내 기억으론 다섯 번째였다.

강의하는 선생님과 팬플루트를 연주하는 선생님이 함께 둘러 앉은 밥상에 장어구이와 낙지젓갈, 김장아찌, 곱창김, 감자탕, 각종 야채들. 맛있는 한 끼 식사를 마친 후 차 한 잔하면서 나만의 서비스를 꺼내기 시작했다. 일단 아로마 테라피 페퍼민트로 즐겁게 해드리고 두 번째로는 휴먼 컬러를 알려드렸다.

휴먼 컬러 진단을 위해 서로의 생년월일을 자연스럽게 알고 시작한다. 이야기를 전개하다 보니 과거 이야기와 힘든 이야기들로 서로 공감대를 형성된다. 그러면서 아들 부부의 임신 이야기와 상속 증여 이야기를 한다. 듣고만 있어도 그림이 그려진다. 손자, 손녀들을 위해 연금을 넣어주고 싶다고 이야기를 한다. 일단 나의 관심사 속에 고객들은 자연스럽게 들어온다.

영업 성공37법칙
누군가 나를 지켜보고 있다

현재 내 핸드폰의 연락처 개수는 총 12,141개다. 물론 개인과

단체의 전화번호가 모두 포함되어 있는 숫자다. 이 중에서 내가 매주 월요일에 6,973명에게 문자를 보내는데, 매월 보내는 사람도 있다.

내가 보내는 문자와 SNS를 통해 내가 하는 활동들 그리고 내가 접하는 일상들을 다양한 사람들이 보고 있다.

지켜보고 있어서 무섭다는 이야기가 아니고 어떤 행동이나 말을 잘하려고 노력하는 모습이 고객들에게 전해질 테니 다행이라는 이야기다.

최근 코로나19로 우리 아파트 노래 교실은 문을 닫았지만 문자를 통해 내 소식을 간간히 보내고 있다. 약 7년 정도 총무의 역할을 해왔고 그것을 지켜보던 이웃집 언니가 청약을 하고 싶다는 문자를 보내와서 너무 반가웠다.

평상시 나의 말과 행동을 유심히 지켜보고 늘 격려를 해주시던 분이다. 언니의 나이 그리고 발목이 아픈 것을 생각해서 약속 장소는 우리집으로 잡았다. 언니도 그것이 편하다고 이야기해주시고….

고구마와 계란을 굽고 차를 준비하고 귤과 한라봉을 식탁 위에 올려두었다. 차를 마시고 다과를 먹으며 이야기하면 대화가 부드럽고 편안하다.

건강과 자녀 등 일상의 이야기를 주고받았다. 그리고 본격적으로 보장 이야기를 나누었다. 가족이 의사이고 특별하게 보장에 대해 생각해 보지 않았다고 한다. 하지만 더 나이가 들기 전에 보장 하나 정도는 넣고 싶은데, 꼭 유송자에게 넣고 싶다고 이야기해 주셔서 너무너무 감사했다. 필요한 보장과 적절한 보험료를 고민하고 서로 의논해서 적당한 선을 찾아 두 번의 미팅 후에 계약을 했다.

나의 고객님이 되었다.

영업 성공38법칙
고객은 기다려주지 않는다
즉각 반응하라

하루 24시간 중에 내가 영업에 집중하는 시간은 과연 몇 시간일까?

아내로서, 엄마로서, 가족으로서 그리고 직업을 가지고 일을 하는 사람으로서 24시간을 잘 배분하고 사용하는 것은 녹록치 않은 일이다. 그럼에도 불구하고 제대로 된 역할들을 하려면 즉각 반응을 해야 한다.

약 한 달 전, 충청도에 사는 친구에게서 전화가 걸려왔다. 아이들이 성인이 되었고 보험을 알아봐야겠는데, 기존 보험료가 너무 비싸게 들어간다고 했다.

　고객의 이야기는 꼭 메모를 해서 저장해 두고 다음날 다시 통화를 했다. 마침 우리 회사에 아이들 보험을 든 게 있는데, 관리자가 그만두고 현재는 일을 하지 않는다고 해서 일단 나에게 이관 요청부터 했다.

　그런데 1주일이 지나도록 이관에 대한 내용이 뜨질 않아 전화했더니 남편이 계약자인데 깜빡했나 보다고 남편 오면 꼭 말하겠다고 한다. 모든 일은 그냥 이루어지는 법이 없다. 모두 순서가 있고 과정이 있다.

　다음 날 남편과 통화 후 이관을 마무리했고 그로부터 3일 뒤 아이들의 보장 내용을 확인할 수 있었다. 아이들과도 통화해서 개인 정보를 물어보았고 인증을 통해 '내 보장 분석'을 했다. 어렸을 때 보험을 하나 가입하고 이후에 다른 보험들은 가입하지 않았고 보장도 약했다.

　보장 분석을 하고 보험을 의뢰한 친구와 친구의 남편과 통화해서 최종 결정을 했다.

　일요일 아침 눈 예보가 있어서 갈까 말까 망설였는데, 다행히 저녁 늦게 눈이 온다고 해서 서산으로 출발했다. 감사하게도 서산 가는 길을 신랑이 운전을 해주어 차안에서 보험 내용들을 다시 점검하고 정리했다. 친구 집에 도착해서 서로의 안부를 묻고 아이패드를 꺼내고 설명을 시작했다.

미리 전화로 이야기를 한 상태라 큰 무리는 없었다. 제안한 보험들을 비교해서 설명하고 아이들과 남편의 부족한 보험까지 청약을 받았다.

고객의 전화에 즉각 반응해야 하고, 순서대로 하나씩 진행해야 한다. 모든 결과가 바로 나오는 것은 아니다. 고객은 충분히 고민하고 비교하고 그리고 나에 대한 신뢰도를 평가한다. 고객의 이야기에 집중하고 반응하고 정성을 들여서 내 가족의 보험처럼 설계했을 때 고객은 나의 고객이 된다.

영업 성공39법칙
잠깐 멈춤 그리고 다시 출발

—

어느 날 운전 중 빨간 신호등이 고마울 때가 있었다. 차를 멈춰 세우고, 바삐 움직여서 시간 맞추어 도착해야 하는 약속들 속에 나의 모습들을 들여다본다. 피곤하고 여유가 없어 보이고 숨가쁘게 달려왔던 일상들이 보인다.

빨간 신호등이 없었다면 어땠을까?

계속 초록불만 있었다면 어땠을까?

쉼과 여유가 없는 삶에 아마 얼마 못 가서 지쳐 쓰러졌을지도 모른다. 그래서 잠깐 멈추고 쉬어가라는 빨간 신호등이 고맙다.

어제도 점심때 3개월에 한 번 하는 모임에 참석했다. 두 분은 내 고객이기도 하고 한 분은 신부님이셨다.

맛있게 식사를 하고 근처 커피숍에서 여유롭게 커피를 마시며 이야기를 나누고, 각자의 핸드폰 시계를 보고 다음을 기약하면서 자리에서 일어섰다.

과거의 나였다면, 서둘러 헤어지고 다음 장소로 갔을 것이다. 하지만 나는 잠깐 멈추었다. 마침 만남 장소가 무등산 근처라 무등산 입구를 20분 정도 산책하고 다음 장소로 향했다. 겨울이었지만 따뜻하고 바람도 좋았고, 하늘은 더없이 맑고 투명했다. 지금이 아니면 언제 이 느낌을 또 만끽할 수 있을까.

우리 모두가 일을 하는 이유는 행복해지기 위해서인데, 어느 순간 행복보다 다른 게 우선시될 때가 있다.

멈춤 없이 가다가 쓰러지면 행복은 산산조각이 나버린다. 그렇게 멈춤 없이 가다가 쓰러지고 다친 사람들이 우리 주변에는 너무나 많다.

나의 행복은 가족의 행복이고, 나의 행복은 사회의 행복임을 잊지 말아야 한다. 영업도 삶도 잠깐의 멈춤과 여유 그리고 쉼이 필요하다. 그래야 건강하게 잘할 수 있다. 다시 기쁘게 충전해서 출발할 수 있다.

영업 성공40법칙
긍정과 열정의 에너지를 주는 사람이 되라

나의 닉네임은 '유쾌한 송자 씨'다. 나를 표현하는 대명사는 '인생 컨설팅 유송자 이사'이다. 요즘 코로나19로 고객을 직접 만나는 시간보다 전화나 문자로 소통하는 시간이 더 많아졌다. 대화를 나누다 보면 고객들이 '힘난다, 대단하다'고 이야기해 주신다.

그 이유는 일단 목소리를 늘 항상 밝고 힘있게 하려고 노력하는 덕분이다. 두 번째 이유는 나의 소식지에 블로그와 나의 꾸준한 일상이 공개되어 있어서다. 누구든지 당당하게 자기 삶을 만들어 가야 하지만, 영업하는 사람들은 더더욱이 그렇다. 언행일치 된 삶을 살아야 한다. 말과 행동이 같아야 비로소 존경을 받고, 말과 행동이 같아야 고객들도 나의 말에 반응한다. 물론 일치된 삶을 살기란 쉽지 않다.

그래서 기도할 때도 바인더를 쓸 때도 바르고 일치된 삶이 되기를 바라며 기도하고 바인더를 작성한다.

'생각하는 대로, 말하는 대로, 맘먹은 대로, 글을 쓴 대로 실천하자.'

위 표현은 나를 대변하는 표현이다.

고객에게 제대로 말할 수 있는 밑바탕이다.

영업 성공41법칙
빈손으로 가지마라

아침 일찍 집 근처 유기농 빵집 대표님께 카톡을 보낸다.

"대표님 좋은 아침입니다. 주말 잘 보내셨지요? 오늘 쿠키 세 개 들어 있는 거 다섯 개 가지러 가겠습니다. 잠시 후에 뵐게요."

그리고 다음 날 아침에 감사 카톡을 보낸다.

"어제 잘 챙겨주신 덕분에 쿠키 선물 잘했습니다. 고맙습니다. 오늘도 행복한 하루 보내십시오."

주간계획표를 작성하고 그날 만날 고객 명단을 적어보고 고객을 만나러 갈 준비를 한다. 필요한 브로슈어와 상품제안서, '웃음사랑' 소식지 등을 준비하고 고객 집이나 사무실에 들를 때 선물 드릴 과자나 음료수, 떡, 과일 등을 챙긴다.

'절대 남의 집에 갈 때는 빈손으로 가지마라'는 엄마의 말씀이 어렸을 때부터 내 마음속에 자리 잡았기에 가능한 일이다.

우리 사회는 정이 많은 사회이고 서로 먹거리를 나눔으로써 정이 쌓이는 사회이다. 그날 계약을 하고 안하고를 떠나서 소중한 마음을 담아 좋은 인연을 따뜻하게 시작하고 싶어서다. 첫 만남도 중간 만남도 마지막 만남도 한결같이 정성을 들여서 하고 싶어서이다.

"딩동"

오늘의 첫 방문 고객의 사무실에 도착했다.

"오늘 만나서 기쁘고 감사합니다" 인사를 나누고 "맛있는 유기농 쿠키가 있어서 준비했습니다. 맛있게 드십시오"하면서 쿠키를 전달해 드렸다.

"아유, 그냥 오셔도 되는데요"하면서 미소를 지으신다. 감사하고 좋다는 표현이다. 그날 준비한 내용들을 이야기하고 나오는데 "우리 직원이 임신해서 입덧이 심한데 쿠키 나눠줘도 되지요?"라고 물어보신다. "물론 되지요" 나눔에 나눔을 더하고 있다. 잠깐 스쳐 지나가는 인연이라도 소중하게 정성을 다해 대한다면 안 되는 일은 없다.

절대 빈손으로 찾아가지 마라. 붕어빵 한 개라도 꼭 사가는 정성을 보여라.

영업 성공42법칙
조급해 하지 마라

———

지금은 지휘자로 활동하고 있는 장한나는 어린 시절부터 '첼로의 신동'으로 불렸었다고 한다. 특히 1994년 세계 3대 콩쿠르로 꼽히는 므스티슬라프 로스트로포비치 첼로 콩쿠르에서 최우수상을 차지하여 국제적으로 알려지기 시작했다. 이때의 나이가 12세였다.

어린 장한나에게 첼로의 거장 로스트로포비치가 이런 메모를 건넸다고 한다.

'한 달에 네 번 이상 연주하지 말 것, 음악 안 하는 친구들이랑 열심히 놀기, 학교 열심히 다니기.'

영업을 하다 보면 조급해질 때가 있다.

몰입하려고 해도 몰입이 안 될 때가 있다.

너무 힘이 드는 날에는 '그만 둘까?'라는 생각이 들 때가 있다.

얼마 전, 3년 정도 관계를 형성해온 고객이 5개의 보험을 해지했다. 해지하기 전날 보험에 대해 부정적인 여러 가지 이야기를 문의했고 한 시간가량 설명하고 마음을 다잡아 놓았다고 생각했는데, 다음 날 퇴근 무렵에 5개를 해지한 것이다. 전화를 했지만 받지 않았고 카톡으로 '다른 보험을 더 보충하겠다'는 답변이 왔다.

그동안 잘 해왔다고 생각했는데 많이 답답했고, 서운함이 몰려오는 건 어쩔 수 없었다. '고객이 자신의 손해를 감수하면서까지 해지한 이유는 뭘까?' 조급하고 답답한 마음에 고객 집으로 찾아갈까 생각을 했지만 생각으로 그쳤고, 행동으로 옮기지 않았다. 그리고 잠시 명상을 했다. 마음이 차분해질 즈음 이런 생각이 들었다.

'놓아주어라 그리고 나를 돌아봐라…' 영업하는 순간순간이 아니 삶의 순간순간이 모두 내가 마음먹기에 달려있다. 조급해 하고 안달복달하면 내 몸과 마음만 힘들어 질뿐이다.

★

조급하게 굴지 마라. 행운이나 명성도 일순간에 생기고 일순간에 사라진다. 그대 앞에 놓인 장애물을 달게 받아라. 싸워 이겨나가는 데서 기쁨을 느껴라.
___앙드레 모로아

영업 성공43법칙
고객의 삶 속에서 나를 돌아본다

———

그동안 15년 넘게 참여해 오던 모임의 회원이 연락을 했다. 내가 보낸 보험 신상품 문자에 관심이 있다고 했다. 기쁜 마음으로 전화를 드렸고 내 보장을 분석하기 위해 개인 정보와 인증을 받았다. 나이가 있으셔서 보험료가 약간 높게 나왔다.

8년 전에 아팠었는데, 걷기 운동도 열심히 하고 있고 술, 담배

도 모두 끊었고 지금은 회복이 다 되었다는 얘기부터 살아온 동안 많이 베풀고 도움을 받아온 이야기, 사람들에게 인정받은 이야기들을 했다.

지금은 8년 전으로 돌아가서 좋아하는 골프와 승마, 테니스 등을 할 수 없는 것이 아쉽다고 하시며 걷기 운동을 꾸준히 실천해 오고 있다고 한다.

건강할 때는 몰랐는데 아프고 나니 마음이 서글퍼지고 힘이 들었다고 한다.

고객의 삶 속에서 나를 본다.

앞만 보고 달리면 자칫 돌부리에 걸려 부딪힐 수도 있고, 또한 넘어질 수도 있다.

영업의 시간은 길다 하지만 사람의 인연은 짧다.

사람의 인연은 길다 하지만 영업의 시간은 짧다.

위 둘이 모두 충족되지는 않는다. 고객의 마음을 헤아리는 행동 그리고 침묵, 잔잔한 말 건네기 등 고객과 함께 하는 시간들을 조금씩 더 늘리고 깊이 있는 만남이 되도록 노력하는 것이 필요하다는 것이다.

그리고 오래오래 잘 지키기 위해서는 앞만 보고 질주하면 안된다는 것이다.

건강을 돌보고 건강관리를 잘해야 30년 이상 고객과 함께 할 수 있다는 것을 다시 한번 내 마음에 새긴다.

영업 성공44법칙
지금 도전하는 것이 중요하다
일단 시도해봐라

도전을 할 때에는 나이나 환경을 탓하면 안 된다.

"20대는 자신이 원하는 것에 도전하는 것이 역량을 극대화할 수 있는 가장 좋은 시기다. 그래서 지금 도전하는 것이 중요하다. 실패하면 어떤가, 다시 무엇인가를 쌓을 수 있을 만한 시간과 능력이 있지 않은가"라고 정이레 작가는 《나는 20대에 연봉 1억을 받는다》책을 통해 이야기한다.

20대든 30대든 40, 50, 60, 70대든 나이가 중요한 것은 아니다. 내가 하고자 하는 열정과 마음이 중요하다.

매주 월요일마다 안부 문자나 좋은 글만 보내다가 최근 회사에 신상품이 나와서 고객과 가망고객들에게 문자를 보냈다. 나또한 과감하게 도전한 것이다. 영업 문자를 보내니 반응이 뜨거웠고 문자 덕분에 7건의 계약을 받았다.

나의 먼 친척 언니는 영업 문자는 처음 받아보았다며 진작 보내지 그랬냐고 이야기하신다. 늘 안부 문자만 받으니 보험 일 잘하고 있구나 생각을 했고 아는 친구에게 계속 보험을 가입했다고 한다. 이제는 나에게 보험을 넣고 싶다고 하면서 아들 이름과

주민번호, 핸드폰 통신사 등을 자세히 알려준다.

지금 도전하는 것이 중요하다. 일단 시도해봐라. 그리고 고객 접점에서 고객관리를 할 수 있도록 만전을 기하자.

영업 성공45법칙
인생은 세일즈다

15년 동안 간호사 생활하면서 많은 환자와 보호자, 병원 직원 및 선후배들에게 나를 팔았다. 세일즈를 했었다는 말이다. 그리고 제2의 직업인 보험설계사를 시작하면서 진정 제대로 된 세일즈를 접하고 실천하고 있다.

오늘 아침도 많은 이들에게 나를 세일즈하기 위해 기분 좋게 미라클 모닝을 했고 줌 모닝콜을 했다. 그리고 몸에 좋은 과일과 비타민 주스로 가족의 상쾌하고 건강한 아침을 준비했다.

내가 나를 잘 가꾸어야 잘 팔 수 있다. '판다'라는 어감이 다소 저급하게 보일 수 있지만 자존감과 자신감을 갖고 있으니 고급스런 표현으로 탈바꿈한다.

올해는 성당에서 아버지학교 봉사를 한지 16년째다. 봉사할 때 만나고 그 뒤로 쭉 문자로만 소통했던 자매님이 자신의 암보험을 설계해 달라고 어제 전화를 주셨다. 인증번호를 받고 설계해서 메일로 보내드렸다. 감사하다고 연락이 왔고 검토하고 다시 연락을 준다고 말했다. 그동안 봉사하면서 나를 잘 팔았기 때문에 가능한 일이었다고 자부한다.

우리는 언제 어느 순간에서든 나를 잘 만들어가야 한다. 나의 이미지나 나의 행동, 나의 말 하나하나가 어떤 사람에게는 좋은 평가로 함께 하고 싶은 사람으로 남을 수 있기 때문이다. 인생은 세일즈다. 오늘도 멋진 나, 최고의 나 만들기 시작~~~

영업 성공46법칙
내 몸값을 높이자

《나는 20대에 연봉 1억을 받는다》에서 내 몸값을 높이는 방법이 나와서 자세히 읽어보았다.

첫 번째, 자신에 대한 파악은 필수다.

내가 누구인지, 내가 무엇을 잘하는지, 나의 장점은 무엇이고 단점이 무엇인지 나 알아가기부터 시작한다. 지피지기면 백전백승이라고 하지 않던가.

두 번째, 잘하는 것을 확장해 나가기이다.

내가 잘하는 것이 무엇일까 생각해보고 더 잘할 수 있도록 환경설정을 하는 것이다. 나는 어떤 일을 시작하면 꾸준히 잘해낸다는 것을 발견했다. 최근 1년 전에 배운 블로그와 인스타를 매일매일 계속 꾸준히 잘하고 있고 더 잘하기 위해 심화반에서 공부하고 함께 하기를 열심히 했더니 벌써 내 소식을 받는 사람들이 2,734명이나 되었다.

세 번째, 적절하고 좋은 사람과 어울리기이다.

과거는 다양한 사람들과 어울렸다면 이제는 적절한 좋은 사람들과 어울려야 한다. 나의 좋은 에너지와 상대의 좋은 에너지가 만난다면 더 좋은 에너지로 시너지 효과를 낼 수 있다. 나에게 긍정적 영향을 주는 사람을 만난다면 나 또한 긍정의 영향력을 주는 사람으로 거듭날 수 있다. 그렇게 나의 몸값은 높아진다. 내 몸값을 높이자.

영업 성공47법칙
일 잘하는 선배를 카피해라

매월 초 신입FC(Financial Consultant)들의 교육이 시작된다. 오늘 아침에도 교육이 시작되었고 단장님이 내 자리로 와서 강의를

부탁했다.

이번 강의의 주제는 "꿈이 나를 움직이게 하라"이다.

15년 동안 해왔던 간호사 생활을 거쳐 16년간 보험재정설계사로 일해 온 모습들을 이야기하는 자리다. 나의 주간 일정표와 긍정확언, 가족 이야기와 SNS에서 나를 알리고 있는 활동들, '웃음 사랑' 소식지 이야기 등 나를 보여주는 자리이다. 가슴 벅찬 순간이고 감동의 순간이다.

보험에 대해서는 아무것도 몰랐던 16년 전 나의 모습이 떠오른다. 보험업에서 성공하기를 갈망하던 그때, 회사교육장에 가면 일 잘하는 선배들이 마이크 잡고 강의하는 모습이 너무 멋져 보였다.

'나도 저 선배처럼 마이크 잡고 강의하고 싶다'는 꿈을 꾸었던 시절이 나에게도 있었다. 그리고 회사 행사나 교육 등을 통해 일 잘하는 선배들을 정말 많이 만나려고 노력했다.

그들이 하는 행동과 말투 그리고 고객관리를 모두 다 따라 해서 성공하고 싶었다.

선배들의 모습 중에서 가장 먼저 따라해 보고 싶어서 선택한 목표가 3W와 MDRT였다. 3W는 1주일에 3건 이상 생명보험을 청약하는 것이고, MDRT는 생명보험협회 분야 명예의 전당 회원이 되는 것이다.

처음 목표를 세우고, 이루기 위해 선배들을 열심히 따라하다

보니 3W는 벌써 700주를 넘어 800주로 향하고 있고 MDRT는 10년 종신회원을 넘어 20년으로 가고 있다.

우리 일은 단순하고 가벼운 일이 아니다.

그냥 대충할 수 있는 일이 아니다. 하나씩 하나씩 챙겨야 할 일이고 인간관계 속에서 만들어져야 하는 일이다.

일 잘하는 선배를 카피해라. 그러면 어느 순간 그 선배처럼 되어 있는 나를 발견할 것이다.

영업 성공48법칙
의미 있고 목적 있는 삶을 살아라

───

세계적 극작가 조지 버나드 쇼는 '우물쭈물하다가 내 이럴 줄 알았다'라는 유명한 묘비명을 남겼다.

'우물쭈물하다'에는 특별한 인생의 꿈이나 목적 없이 그냥 살았다는 뜻이 담겨있다.

신입FC 교육 때 항상 질문하는 것이 있다.

"여기 보험회사에 왜 들어왔어요?"

거의 대부분이 돈을 많이 벌기 위해서 왔다고 한다.

전직이 나처럼 간호사였던 사람도 있고, 자동차 영업이나 기타 판매직, 주부, 사무직, 학습지 교사, 식당 사장 등등 여러 직업을 가진 다양한 사람들이 다시 새롭게 인생 2막을 만들려고 왔다고 한다.

하지만 단순히 돈만 많이 벌기 위한 것이 목적인지? 다시 질문을 해본다.

인생 2막은 삶의 목적을 찾음으로써 시작된다.

목적이 이끄는 삶은 목적을 통해 자신의 미래에 대해 나침반처럼 삶의 방향을 명확히 제시한다.

동기부여도 왕성하게 하여 삶을 가치 있고 생동감 있게 만든다. 목적이 있는 삶은 미래를 설계하는 일이지만, 결국은 자신을 돌아보고 '내가 누구인가'라는 정체성을 찾는 일이다. 꿈 너머 꿈이라고 하지 않던가.

보험재정설계사라는 일을 통해 많은 다양한 사람들을 만나고 배우고 그들을 위해 도움을 줄 수 있는 삶을 만들어야 한다. 그러기 위해서는 긍정 마인드와 배움의 욕구가 있어야 한다. 우리가 하는 보험설계사라는 일은 오래도록 고객 옆에서 함께 해야 하는 일이다.

그들의 생로병사를 함께 해야 한다.

길게 보고 바르게 가야 한다.

목적이 이끄는 삶, 의미 있는 삶을 위해 오늘도 출발!!

영업 성공49법칙
메모하는 습관을 길들여라

둔필승총(鈍筆勝聰) : 둔한 붓이 총명한 머리를 이긴다. 즉 사소
한 메모가 총명한 머리보다 낫다는 뜻이다.
__정약용

　기록이나 메모를 잘하는 습관은 아이디어나 정보의 보물창고
가 된다. 일상에서 메모하는 습관을 지니면 아이디어도 샘솟고
창의성도 극대화된다. 토마스 에디슨, 레오나르도 다빈치, 아이
작 뉴튼 등 역사적인 인물들도 '메모광'이었다.

　그들은 메모를 수집하고 생각을 정리하고 분류하는 것으로 자
신의 생각을 창의적으로 끌어냈다. 나도 항상 고객을 만나기 전
바인더 점검을 하고 차트를 확인하고 나간다. 바인더는 스케줄
관리나 목표관리 그리고 그날그날 해야 할 일들이 적혀져 있어
서 비서 역할을 톡톡히 해낸다.

　주간계획과 월간계획, 평생계획 등 나만의 보물창고인 것이
다. 매주 평가를 하고 새로운 한 주를 계획하는 주말에는 바인더
를 '가족톡'과 모두의 방에 올리고 공유를 한다.

공유의 이유는 알찬 삶, 균형 있는 삶을 꾸준히 잘 만들어 나가고 싶기 때문이다.

차트는 일명 '고객평생관리차트'로 고객의 사진과 고객의 기본 정보, 고객과 나눈 이야기들이 적혀져 있다. 물론 구글 캘린더나 에버노트 등의 디지털의 도움도 함께 받고 있다. 차트를 펼치면 고객들에게 이런 이야기를 한다.

"이건 '평생고객관리차트'입니다. 제가 고객님을 평생 동안 잘 관리하려고 만든 것입니다. 간호사였을 때 환자가 오면 그들의 혈압, 체온 등 바이탈과 현재 상태 과거력, 가족력을 기록하는 것처럼 저도 고객님의 평생 주치의가 되어 잘 관리하려고 합니다."

고객들은 기존 관리 방식, 즉 계약하고 그 뒤로 연락이 뜸해지는 쓸쓸한 관리를 받다가 이렇게 '고객평생관리차트'를 보고는 다시금 놀랜다. '아, 오랫동안 나를 잘 관리하겠구나' 하는 믿음을 갖게 된다고 한다. 과거에 나누었던 이야기가 적혀있는 글을 같이 읽어볼 때면 미소를 지으시면서 "내가 그렇게 이야기했어요?" 한다.

하다못해 어디 커피숍에 무슨 차를 마셨는지도 적어놓으니 그분의 취향을 알 수도 있고 좋아하는 색깔과 좋아하는 음식, 종교, 꿈 등에 대해서도 꼼꼼하게 메모해 놓으니 고객과 이야깃거리는 무궁무진하다. 언제 어디서든 메모하고 또 메모하라. 메모의 효과를 볼 수 있을 것이다.

영업 성공50법칙
한 번 더 요청해 보자

상담이 많은 날에는 이곳저곳 바삐 다니느라 차의 기름도 빨리 떨어진다. 주유하러 들어갔다가 세차장 쪽에 있던 '세차종료' 팻말을 보았다. 갑자기 세차가 하고 싶어졌다. 잦은 비를 맞아서 꼬질꼬질한 차를 보니 더 하고 싶어졌다. 하지만 5시까지만 세차를 하나보다. '세차종료'라고 팻말을 내놓은 것을 보니….

그때 시간이 5시 5분이었다.

입구에 세차장 사장님이 서 있는 모습을 보고 얼른 뛰어갔다.

사장님께 꾸벅 인사를 하고 손가락으로 내 차를 가리키며 애절하게 세차를 해주십사 요청을 해봤다. 그랬더니 사장님이 세차장 쪽으로 들어가라고 손짓을 하신다.

다행이다, 정말 다행이다.

오랜만에 세차를 싹 했더니 내 몸과 마음도 가벼워짐을 느꼈다.

고객도 마찬가지다.

보험설계사에게 먼저 어서 오라고 하는 고객은 없다.

하지만 우리는 문을 두드리고 고객에게 가야 한다. 그리고 보험에 꼭 필요한 보장을 이야기해야 한다.

그것이 바로 고객을 살리는 길이다.

오늘도 고객 집에 방문해서 기존 보험을 설명해 드리고 부족한 부분을 한 번 더 언급한 후, 가지고 간 설계안을 설명했다. 마침 고객의 부모님이 투병 중이라 나의 말에 고개를 끄덕이신다. 이제 나의 주사위는 고객에게 드린 것이다.

고객이 자신의 보장을 알고 자신의 생활비를 알고 가족력을 알고 있으니 이번 주에 나에게 전화해서 보험 계약을 요청하리라 생각된다.

연락이 없다면 한 번 더 요청해 보자.

영업 성공51법칙
고객을 기억하고 감동하게 만들어라

나의 스케줄에는 고객의 생일과 결혼기념일 등 축하할 일들이 빼곡히 적혀있다.

나는 고객의 생일날에는 미역을 보내고, 카드를 보내는 등의 작은 축하를 매년 해오고 있다. 이중 특히 관심을 갖는 것이 결혼기념일이다.

예전에는 결혼 축하 CD도 만들어서 선물했었는데, 요즘에는 이혼하는 부부가 점점 많아져서 선물을 못할 때도 있다. 고객관리차트에서 결혼기념일을 지워야 할 때면 늘 속상한 마음이 먼저 밀려온다.

이번 주 스케줄에는 고객의 결혼 30주년이 눈에 띈다. 30년 동안 살아온 그 시간을 축하해 주고 싶어서 오늘은 고객 부부를 위해 케이크를 준비했다. 수제 떡 케이크를 1주일 전에 주문하고 오늘 찾으러 갔다.

예쁜 꽃이 올려진 떡-케이크에 '결혼 30주년을 축하합니다'라는 글씨가 써져 있다.

고객이 기분 좋은 미소를 짓는다.

그리고 거기에 정성을 더해 커플 컵을 준비했다.

고객의 '카톡' 사진 중에 활짝 미소 지은 부부 사진을 컵에 담고 "결혼기념일을 축하합니다. 매일매일 행복하소서"라는 글도 새겼다.

이 세상에 하나뿐인 떡-케이크와 머그컵 세트에 고객은 감동하고 감사함을 느낀다.

우리는 매일매일 하루라는 선물을 받고 산다.

그 하루를 어떻게 사느냐에 따라 행복한 내일이 오고 또 기쁨의 내일이 온다.

매일이 축복이다.

이 축복을 감동의 보자기에 싸서 전달하면 나도 좋고 고객도 좋다.

영업 성공52법칙
이관고객은 꼭 만나러 간다

이관고객이란 담당 설계사가 그만두고 다른 설계사에게 관리를 받는 고객이다. 이관고객들의 대부분이 담당 설계사가 자주 바뀌는 것에 대한 배신감과 회사에 대한 신뢰도가 떨어진 상태여서 호의적이지 않다.

한방병원 원장님의 계약을 이관 받았고, 이관 받은 설계사라고 문자와 전화를 드린 후에, 약속 날짜를 잡고 만나러 갔다.

"15년 전에 친구에게 계약했는데, 그 친구는 2년 뒤에 그만두었어요. 담당자가 바뀌었다는 문자는 받았지만 이렇게 찾아오는 설계사는 처음입니다."

"원장님, 저는 회사를 대표해서 왔습니다. 그동안 서운한 점이 있었더라도 그 마음 푸시고 이제부터라도 제대로 된 관리를 받으시지요" 라고 말하며 '고객평생관리차트'를 꺼내고 기(旣)계약 내용을 꺼내었다. 물론 내가 만든 '웃음 사랑' 소식지와 달력, 수첩 그리고 내가 쓴 책도 선물로 드렸다.

'웃음 사랑' 소식지를 한 장 한 장 넘기면서 이렇게 관리하고 있다고 말씀드렸다. 그제야 마음이 놓이시나 보다. 미소를 지으신다. 아내도 우리 회사에 계약이 있는데 같이 관리할 수 있냐고 문의하셔서 콜센터를 통해 이관 요청하는 방법을 알려드렸다. 가지고 있는 보험 내용을 밑줄 그어가며 이야기했는데 그간 서운한 점, 꼭 있어야 할 입원, 수술 특약이 없어서 깜짝 놀랐던 점 등등을 이야기했다.

수익자 변경 건과 정기특약 변경의 숙제를 남겨두고 다음 주에 약속을 잡고 인사를 하고 나왔다.

이관고객 관리의 노하우가 있다. 먼저, 고객의 심리상태를 잘 파악해야 한다. 두 번째는 지속적인 터치를 해야 한다. 이 부분은 시스템을 활용하면 시간 절약이 가능하다. 세 번째는 적절한 이벤트를 준비한다.

고객들은 늘 우리를 기다리고 있다. 당장의 계약을 위해서가 아니라 궁금한 것도 물어보고 눈높이를 맞추면서 이야기를 하고 싶어서이다. 바쁘게 움직일 것이 아니라 여유 있게 고객의 이야기에 귀를 기울이는 친구 같은 FC가 되어야 한다.

영업 성공53법칙
고객의 힘든 상황을 잘 이해하라

코로나19로 모든 사람들이 힘들어 하고 있다. 특히 자영업자

들이 더욱 그렇다. 오늘은 무안에서 사진관을 하는 가망고객과 전화 상담을 했다. 매출은 점점 줄어들고 보험료는 부담으로 작용한다고 호소를 한다.

코로나19가 터지기 전에 지인들로부터 하나 둘씩 가입한 보험의 분석을 의뢰했다. 15년 전 아버지학교 웃음 치료 봉사를 할 때 인연은 맺게 되어 문자로만 관리해 온 가망고객이었는데, 많이 힘드셨나보다. 그래서 16년 이상 보험 일을 해온 나에게 자문을 구했다.

고객의 나이가 벌써 63세였다. 그래서 앞으로 일할 수 있는 시간과 고객의 건강 상태를 고려하여 현재 수입을 토대로 상담을 진행했다.

지금이 힘든 시기임을 충분히 공감하니 본인의 이야기를 편안하고 자연스럽게 술술 꺼내어 놓는다. 맞장구를 치고 전화상으로 보이진 않지만 고개를 끄덕이면서 고객의 이야기를 듣고 메모를 했다. 마침 손님이 가게로 들어왔다고 한다. 오늘은 1차 상담 마무리했다.

"내일 또 전화 드릴게요."

"네네 전화하기 전에 문자로 먼저 연락주세요."

조심스럽게 전화를 끊는다.

고객들은 자신의 상황을 이해해 주길 바란다. 고객들은 위로받고 싶어 한다. 우리의 한마디 위로와 격려가 고객들에게는 큰 힘이 된다.

영업 성공55법칙
고마운 사람보다 필요한 사람이 되라

───

잠깐 한번 노력해 보는 것으로는 아무것도 이룰 수가 없다. 휴가 때 운동을 하거나 다이어트를 하는 것은 아무런 도움이 되지 않는다. 심지어 당신이 원하는 것과 정반대의 결과를 가져올 수 있다.
___브라이언 트레이시 《즐겁게 살아라》 중에서

세상을 살아가면서 호의를 베풀었을 때 고맙고 감사하다는 인사를 많이 받는다. 하지만 감사는 시간이 지나면 금방 잊힌다. 우리 일도 마찬가지다. 감사 인사를 받는 것도 중요하지만 계속적으로 필요한 사람이 되도록 노력해야 한다.

얼마 전 고객으로부터 한통의 전화를 받았다.

"덕분에 보험금 잘 받았습니다. 감사합니다. 6개월 뒤에 또 수술해야 한다는데, 그때도 잘 부탁드립니다."

요로 결석으로 체외 쇄석파 충격술을 받은 고객인데, 우리 회사에 보험 1건, 그리고 타 보험사에 보험이 4건이 있어서 보험금 청구를 모두 도와드렸다. 타 보험사는 홈페이지에서 보험금 청구서를 출력하고 서류와 함께 팩스 또는 등기우편으로 보내야 하는 번거로움이 있다. 하지만 한꺼번에 청구해 드리니 고객의 시간도 절약되고 고객의 몸도 더 돌볼 수 있는 시간을 만들 수 있어서 서비스를 하고 있다.

하루에도 기본 3건에서 5건 이상 보험금 청구를 도와드린다. 그때마다 타 회사랑 같이 청구를 하니 시간이 많이 걸린다. 그래도 도와드릴 수 있고, 꼭 필요한 담당 설계사의 모습으로 남아 있을 수 있어서 기쁘고 행복하다.

영업 성공55법칙
'안 해도 돼요'라고 말할 수 있는 용기를 가져라

성공한 사람들은 성공하지 못한 사람들이 하지 않으려는 일을 기꺼이 하는 사람들이야. 성공한 세일즈맨들은 전화를 걸고 싶지 않은 날조차도 고객들에게 전화를 많이 하도록 스스로를 훈련시킨 사람들이지. 그럴 기분이든 아니든 운동선수들도 매일 연습을 게을리하지 않아.

___제프 켈러 《월요일에 기적》에서

★

'하루에 기본 3명을 만난다'는 원칙을 세우고 있다. 요즘은 비대면 상담도 기본 2~3건씩 들어와서 어떨 때는 집에 와서 저녁 식사 후 상담을 진행하기도 한다. 며칠 전 취준생, 대학생 자녀를 둔 지인의 언니로부터 전화를 받았다.

개인정보를 받고 인증도 받고 설계를 시작했다. 아직 나이가 어리고 건강상 문제가 없어서 보험료도 저렴하게 제대로 된 보장을 설계하고 전화를 드렸다. 쭉 상품 내용을 설명을 드렸더니 여러 가지를 질문하고 바로 계약을 하겠다고 해서 기뻤다. 한참 자료를 정리하고 전자 청약을 보내려는 순간 문자가 들어왔다.

"설계서 먼저 받아보고 가입할게요. 메일로 보내주세요. 보고 나서 가입할지 연락드리겠습니다."

갑자기 기운이 쑥 빠지는 듯 했다. '오늘 계약하면 3W 완성인데…' 2시간 동안 상담한 피로감이 밀려왔다. 안타까움을 잠시 뒤로하고 서류를 챙겨서 메일로 보내드렸다.

지금은 밤이고 내일 오전에 연락드려야지 생각을 하고 잠자리에 들었다. 다음날 아침 전화를 드렸더니 전화를 받지 않는다. 점심 이후도 마찬가지다. '아아, 계약 안하려나 보다' 그래도 다시 전화를 드려보았다. 이제는 전화를 받는다.

"아이들이 안 하겠다 네요. 갱신형도 있고 엄마가 넣다가 넘겨

줄 것 같으니 안하고 싶다고 해서요"라고 한다. 갑자기 확 짜증이 밀려왔지만 마음을 가다듬고 다시 차분히 보험 설명을 드렸다. 어젯밤의 좋았던 반응이 수면 아래로 툭 떨어진 것 같았다. 이때 고객한테 절대 징징대면 안 된다. '안 해도 돼요'라고 말할 수 있는 용기를 가져라.

"네, 알겠습니다. 가족력이 있어서 꼭 필요한 보험이라 선택해 드렸는데 할 수 없지요, 안하서도 됩니다."

일을 하다 보면 고객에게 끌려다니는 경우가 있다.

이는 보험을 유지할 수도 없고 안 좋은 결과만 만들게 된다. 그래서 고객과 함께 상생하는 보험설계사가 되려면 좋은 고객을 만나야 하고 또한 보험료를 낼 수 있는 여력이 되는 좋은 고객을 만나야 한다.

영업 성공56법칙
고객의 작은 이야기도 귀담아들어라

"보험 보장은 특히 내 몸에 대한 투자인 것이라는 느낌을 고객들을 보면서 많이 받습니다. 저의 고객이 되어, 제가 당신을 끝까지 잘 지킬 수 있도록 기회를 주십시오."

최근 나온 신상품에 대한 문자를 고객과 지인들에게 보냈다. 그중 동창생이 보험에 관심을 보이며 답장을 보냈다. 그런데 그 친구는 이렇게 답변을 해왔다.

"글쎄 다 계약할 땐 그렇게 말은 하는데, 난 보험설계사와 보험회사를 별로 안 좋아해. 처음엔 그럴싸하게 말해 놓고 처음과 나중이 다른 경우를 너무 많이 봤거든. 미래를 모르니 보험을 들긴 하지만 인간의 약한 심리를 파고들어 나중에 그걸 악용하는 보험회사의 영업 행태에 많이 진저리가 나서. 지금 상담하는 것도 계약을 염두에 두기 보단 어떤 상품인지 그냥 알고 싶어서 문의한 건데. 들은 보험이 너무 많은데, 이것들도 별로 의지는 안 되는 거라 괜히 했다는 느낌이라서 조심과 신중을 기해서 생각해 볼게…"

기분이 약간 싸~했지만 마음을 가다듬고 '카톡'을 보냈다.

"오케이, 그러자 조심과 신중. 친구야! 나는 진정성 있는 보험설계사로 끝까지 남고 싶다. 그런 식으로 유혹하는 사람은 되고 싶지 않아"

그렇다.

고객들은 이미 다양한 상품과 다양한 보험설계사들을 만난 경험이 있다.

작은 소리에도 귀 기울여 주고, 그럴 수 있겠다며 이해도 해주어야 한다. 그리고 보험설계사의 옷을 벗을 때까지는 진정성을 가지고 고객을 돌보고 지켜야 한다. 다른 사람과 비교되는 보험 설계사가 아닌 나를 보고 제대로 된 보험설계사의 모습을 기억 하도록 도와주어야 한다.

내가 그 역할을 해야 한다.

영업 성공57법칙
보험을 1개 넘은 사람과
10개 넘은 사람을 주목하라

영업을 하다 보면 다양한 사람을 만나게 된다.

이관 받은 고객의 내 보장을 확인해 보니 보험이 딱 1개 있었 는데, 우리 회사 보험이었다.

고객에게 "이 보험은 어떤 목적으로 가입하셨습니까?" 여쭈어 보니 10년 전에 동창생이 찾아와서 보험 하나만 가입해 달라고 사정을 해서 어쩔 수 없이 가입했다고 한다.

보험을 안 좋아하고 자기는 건강하니 보험이 필요 없다고 한 다. 1개의 보험을 가진 고객들의 사정은 대부분 비슷하다. 가족 력 등 보장이 꼭 필요해서 보험에 가입하는 경우보다 지인의 요 청에 의해 억지로 가입하는 경우가 많다. 그러다 보니 보험에 대한 소중함은 없고 그냥 아까운 돈이 지출된다고 생각하게 되는 것이다.

보험을 기본 5개에서 10개 정도 가입한 고객들은 귀가 얇다. 그리고 건강염려증이 있다.

보장에 대한 니즈가 엄청 강하기 때문에 하나의 보험이 두 개가 되고 세 개가 되는 것이다. 돈만 있다면 보험을 더 가입하고 싶다고도 한다.

보험이 1개만 있는 고객도, 보험이 여러 개 있는 고객도 모두 재무 설계가 필요하다. 살이 찌면 빼고, 너무 말랐으면 살을 찌우는 것처럼 보험도 너무 많으면 조절하고 너무 없으면 보충을 해야 한다.

영업 성공58법칙
틈새시장을 확보하라

우리는 다양한 병에 노출되어 있다. 특히 암은 3명 중 1명꼴로 그 발병 확률이 높다.

과거 10년 전만 하더라도 암 진단금이 2,000만 원 정도면 큰 금액이었다. 하지만 요즘은 1억 정도 이상은 있어야 제대로 된 치료를 받을 수 있다.

암보험 트렌드는 표적 항암 치료제이고 암 생활비이다. 요즘 새로운 상품이 나오면 일단 고객들에게 문자를 보낸다.

안녕하세요!
오늘은 보험 신상품 소개 차 문자드립니다.
궁금하거나 관심 있으시면 "네"라고 해주시면 연락드리겠습니다.
~~~ 건강하고 행복한 저녁 보내십시오. ♣

___ 유송자 Dream

"네"라고 답변을 주신 분들에게 전화를 드린다. 인증을 받고 클릭 내 보장으로 분석을 하고 설계를 해서 연락을 드린다. 문자에 대한 전화나 문자는 한 달 가까이 온다.

"관심을 가져주셔서 감사합니다."

문자를 보낸다.

이렇게 해서 한 계약들은 5명 중 1명꼴, 3명 중 1명꼴이다.

100명을 만난다고 모두 계약을 하지는 않는다. 모두 다 상황이 다르고, 한 달가량 고민하기도 하고 부담되어서 안하기도 한다.

보험은 확률이다.

보장이 작은 고객이 있다면 지금 당장 전화나 문자를 해보자. 거기에 반응하는 고객은 분명히 있다.

영업 성공59법칙
나는 회사를 대표하는 사람이다

고객을 단순히 만족시키는 것으로는 더이상 충분하지 않다. 고객은 환희를 맛보아야 한다. 즉 고객의 욕구를 충족시키는 것으로 그치지 말고 고객의 기대를 능가해야 한다.
___A. 블랜튼 고프레이, 주란 인스티튜트 CEO

얼마 전 이관 고객을 만나러 갔을 때의 이야기다. 이관 받은 후 고객과 통화하고, 문자를 보내고, '카톡'을 보내고, 5번 연락한 후에 약속을 잡을 수 있었다. 이관 받은 고객들은 대부분 회사나 담당자에게 불만이 많고 신뢰를 하지 않는다. 이런 고객들을 만나려면 먼저 마음부터 가다듬는다. 거친 욕을 할 수도 있으니 조심해야 한다.

물론 나에게 하는 욕은 아니지만 말이다. 고객의 첫 인사는 "왜 왔어요? 보험은 이제 안 합니다"라고 방어벽부터 친다.

그러면 나는 "회사를 대표하는 사람으로 고객을 찾아뵈었습니다. 보험을 권유하러 온 것은 아니니 안심하십시오"라고 이야기하며 나의 소개부터 한다. 명함을 드리고, 가지고 간 '웃음 사랑'을 꺼내어 잠깐이라도 읽어드리며 나를 알리는 일부터 한다.

그제야 고개를 끄덕인다.

"대단한 분이네요"라고 칭찬도 해주신다.

그리고 기존 계약의 상세 설명을 하고 고객 개인정보 인증을 받는다. 고객에게 상세 설명을 할 때, 보장 내용 중 특히 수술비에 관한 이야기를 할 때는 귀를 쫑긋거리고 의자를 바싹 당겨서 앉으신다.

"그것이 보험에 해당 된다고요?" 다시 물어보신다. 그동안 간호사의 경험이 여기에서 나온다. 자세히 질병에 대한 이야기로 친절한 설명을 드린다. 고객을 만나러 가기 전에《서비스 달인의 비밀 노트(론 젬키; 크리스틴 앤더스 공저)》에서 나오는 세 가지의 질문을 연습한다.

① 고객들이 나 자신과 회사로부터 원하는 것은 무엇인가?
② 지원부서가 고객 서비스를 위해 해줄 수 있는 일은 어떤 것이 있을까?
③ 고객을 만족시키는데 큰 도움이 될 수 있는 작고 사소한 일로는 무엇이 있을까?

위 질문들이 고객과의 접점에서 큰 힘을 발휘한다. 고객과의 접촉이 마법의 힘을 갖고 감동적으로 변하는 것은 전적으로 나의 손에 달려있다.

영업 성공60법칙
첫인상이 잘 유지되도록 노력하라

대학 졸업 후 취업 준비를 3년째 하고 있는 남자가 있었다. 어느 날 지도교수님을 만나러 대학에 갔다.

"교수님, 취업이 안 되서 너무 힘듭니다. 어떻게 해야 할까요? 1차, 2차 시험은 합격이 되는데, 늘 면접에서 떨어져서 너무 괴롭습니다."

머리부터 발끝까지 제자의 모습을 찬찬히 보던 교수님이 말씀하셨다.

"밖에 복도에 있는 큰 거울에 너의 모습을 비추어보고 오너라."

교수님 말씀대로 밖으로 나가 거울을 보았다. 그 남자는 거울 속에 비친 자신을 모습으로 보고 교수님 방으로 들어왔다.

"네 모습이 어떻게 보이더냐? 멋있게 보이더냐? 호감이 가는 모습이더냐?"

"아니요, 멋있게 보이지 않았습니다. 호감 가는 모습도 아니고요."

그때 교수님이 한말씀하셨다.

"그렇다. 멋있게 보이지도, 호감이 가는 모습도 않은 너를 취업시킬 회사는 아무데도 없다."

그 제자의 모습은 머리부터 발끝까지 단정하거나 청결한 모습이 아니었다. 얼굴엔 미소도 보이지 않았다. 우리는 사람의 첫인상을 볼 때, 머리의 단정함, 얼굴의 깔끔함, 화사함, 미소, 옷차림, 신발 등을 보게 된다. 첫인상이 '합불'을 결정할 수 있다. 첫인상이 평생을 좌우할 수 있다.

첫인상을 좋게 하는 방법 5가지를 제시해본다.

첫째, TPO(시간, 장소, 목적)에 맞는 옷차림이다.
잠옷을 입고 외출하는 사람은 없고 장례식장에 화려한 무늬가 있는 옷을 입고 가는 사람은 없을 것이다.

둘째, 눈맞춤이다.
필자는 다행히 2005년도에 웃음 치료를 공부해서 16년 동안 웃음 치료 봉사를 해온 덕분에 웃음이 자연스러워져서 입꼬리를 올리면서 눈맞춤이 가능하다. 미소 띤 얼굴로 적절하게 상대의 눈을 보면서 이야기하는 것이 필요하다.

셋째, 나만의 향기다.
만나는 사람에게 자극이 없는 자연스러운 향기, 은은한 향기가 첫인상을 좋게 만들 수 있다. 적절한 아로마를 사용하는 것도 하나의 방법이다.

넷째, 경청이다.
나의 말보다는 상대방의 이야기를 듣고 공감하는 것이 첫인상을 좋게 한다.

다섯째, 관심이다.
누구든 관심을 받고, 인정받기를 원한다. 상대방의 옷차림을 칭찬해 준다든지 최근 굿 뉴스를 물어보고 축하나 위로를 해주는 것도 좋은 방법이다.

이외에도 첫인상을 좋게 하는 여러 가지 방법들이 있다. 나의 멋진 모습, 호감이 가는 모습을 만들기 위해 거울부터 보아라.

머리부터 발끝까지 멋진 모습을 유지하고 있다면 지금 당장 만나러 가도 좋다.

취업 면접에도 합격할 수 있다.

첫인상을 잘 유지하기 위해 자신을 가꾸어야한다.

자신감 있는 나, 건강한 나, 배려하는 나를 만들어야 한다.

영업 성공61법칙
경청의 힘을 발휘하라

다른 사람의 말을 신중하게 듣는 습관을 길러라. 그리고 가능한 한 말하는 사람의 마음속으로 빠져들도록 하라.

＿마르쿠스 아우렐리우스

어느 일요일, 집 뒷산에서 혼자 맨발걷기를 하고 있는데, 뒤에 따라오던 여자 분이 질문을 한다.

"와우, 맨발로 대단하네요. 추운 겨울인데, 발 안 아파요? 괜찮아요?"

"네네, 괜찮습니다. 이제는 한지 6개월 정도 되어서 적응이 되었어요."

"그래도 아플 텐데… 하기야 우리 시아버지도 비닐하우스 하시는데, 맨발이 좋다고 맨발로 일하시더라고요."

그랬다.

그러면서 배우자 이야기도 함께 말하기 시작했다. 원래는 맨발걷기를 20분 정도만 하고 내려오려고 했었는데, 이 분 덕분에 산 정상까지 다녀오면서 45분 정도 맨발걷기를 했다. 속상한 이야기, 불편한 이야기까지 처음 보는 사람에게 줄~줄줄 이야기하니 산에서 내려갈 때는 속이 후련하다고 했다.

나는 열심히 듣고 살짝살짝 추임새만 넣었을 뿐인데, 힐링이 되었나보다.

처음 모습은 심각했는데 마지막 모습은 싱글벙글했다.

고객들을 만나다 보면 내가 이야기하는 시간보다 고객이 이야기하는 시간이 더 많을 때가 있다. 고객이 하고 싶은 이야기가 많은 거다. 그럴 땐 나의 이야기를 잠시 내려두고 집중해서 이야기를 들어드려야 한다.

그래야 비로소 마음이 열고, 마음을 보여준다. 마음이 열릴 때 신뢰감도 형성이 되는 것이다.

나에게 믿고 의지하는 모습이 느껴진다. 그래서 보험 상품을 설명드릴 때면 '믿고 하는 겁니다'라고 이야기한다.

영업 성공62법칙
계약은 크기가 아니라 빈도

———

행복은 크기가 아니라 빈도라는 말이 있다.

커다란 행복 한 번보다, 빈도가 많아야 더 행복감을 느낀다는 말이다. 행복하기를 원한다면 작은 것에서부터 행복을 찾는 것이 중요하다. 작은 행복이 모여 큰 행복이 될 수 있기 때문이다.

계약도 마찬가지다.

큰 계약을 쫓아다니면서 한 달에 한 번 또는 몇 달에 한 번하는 계약은 오래 유지되는 경우도 드물고 FC의 수명도 오래가지 못한다.

어제는 3건의 보험을 계약했다. 가족 계약이었는데, 보험료가 엄마는 77,720원 며느리는 59,500원 딸은 46,320원이었다. 가족의 보험료 납입 여력을 확인하고 기존 계약을 분석하고 부족한 부분만 추가 계약으로 받은 것이라 당연히 보험료는 작게 설정이 되어 들어갔다.

기존 계약 분석이 전혀 안된 상태에서 부담스러운 금액으로

보험료를 책정했다면 계약할 확률이 극히 낮았을 것이다. 이러한 계약들이 약 1,000건 정도 있다.

보험재정업무를 처음 시작했을 때, 1주일에 3건 이상 계약해서 세 가족을 지키자고 다짐했던 것이 벌써 16년째 유지해 오고 있다. 1주일에 3건 이상을 계약하다 보니 계약에 대한 흐름을 알 수 있고 새로운 상품을 더 공부해서 고객들에게 이야기할 거리가 생긴다.

많은 FC가 다른 FC보다 더 많은 보험료의 계약을 받는 것, 다른 FC보다 더 나은 큰 계약을 찾는데 몰입하는데, 작은 계약을 꾸준히 잘못한 사람은 큰 계약을 얻을 수 없다고 말해주고 싶다.

작은 계약을 많이 만들어야 한다. 작은 계약을 꾸준히 하다보면 큰 계약도 자연스럽게 따라온다. 계약은 크기가 아니라 빈도가 중요하다.

영업 성공63법칙
변화하는 보장 트렌드를 학습하라

다산은 말한다. "부지런히 메모하라. 쉬지 말고 적어라. 기억은 흐려지고 생각은 사라진다. 머리를 믿지 말고 손을 믿어라. 메모

는 실마리다. 메모가 있어야 기억이 복원된다. 습관처럼 적고 본
능처럼 기록하라."

___정민, 《다산선생 지식경영법》에서

　요즘 부쩍 회사교육이 많아졌다. 코로나19 전에는 서울에 교
육 일정으로 출장이 한 달에 1~2건 정도 있었는데, 요즘은 한 주
에 기본 2~3건 정도의 교육이 있어서 열심히 교육을 받고 있다.
　교육이 많아진 이유는 뭘까?
　사회경제적 변화가 급속도로 진행되고 있어서 보험 시장도 변
화하고 있다.
　이런 상황 속에서 현명한 보장 준비를 위해서는 사회경제적 변
화를 유심히 잘 살펴보아야 한다. 기존에 가입한 보험들이나 새
로 가입하려고 하는 보험이 사회 경제적 변화에 잘 대비하고 있
는지 따져보고 준비해야 한다.
　2019년 기준 남녀 전체의 기대수명은 83.3세로 1970년 62.3세
대비 21년, 1985년 68.9세 대비 14.4년, 2000년 76세 대비 7.3년
증가하여 그 증가폭이 매우 가파르다. 그러다 보니 인지기능 저
하와 같은 치매 환자가 늘고 있다.
　과거보다 치매 보장에 대한 니즈도 함께 증가했다. 그리고 환

경오염이나 스트레스 등의 원인과 조기검진 등으로 암환자가 늘고 있어서 암에 대한 보장 니즈도 증가했다.

우리는 이러한 변화와 니즈에 발맞추어 학습하고 고객을 만나야 한다.

영업 성공64법칙
고통이나 시련 없이 새로운 가치를 창조하는 것은 불가능하다

최근 지인의 자살 소식을 접했다.

갑작스러운 소식에 너무나 가슴이 아팠고 한동안 멍한 기분이 들었다.

자살을 할 수밖에 없는 이유는 무엇이었을까?

세상에는 여러 힘든 일들이 있고 여러 불편한 일들이 있는데, 모두 감당하기가 힘에 부쳐서 극단적인 선택을 한 것일까?

슬프고 안타깝다.

우리 일도 마찬가지다. 고객을 만나면서 여러 어려운 일들이 앞을 가로막을 때가 있다. 그중 고객의 거절이나 잘 유지되던 보험이 실효가 나거나 해지를 했을 때, 그리고 민원이 발생했을 때

등등이 있다.

그때마다 잘 대처하고 잘 극복해야 일을 오래오래 할 수가 있다. 하지만 한두 번 겪고 나서 너무 힘들다고 일을 그만둔 설계사들이 많다. 일종의 책임회피라고나 할까. 고객들은 우리를 만나 오래오래 잘 관리되기를 바란다. 보험설계사가 워낙 이직율이 높은 직업 중 하나이다보니 고객들의 불만도 이만저만한 것이 아니다.

어렵고 힘든 일들을 잘 견뎌내야 내 몸과 마음도 단련이 된다. 마치 애벌레가 나비가 되고, 달걀이 병아리가 되어 닭이 되듯이, 아이가 태어나 어른이 되듯이 말이다.

그냥 저절로 되는 것은 없었다. 매번 좋은 일이 생기면 좋겠지만 그럴 수도 없는 노릇이다. 경험한 것만 나의 것이 된다. 물론 간접 경험의 경우도 그렇다. 다른 사람의 경험치를 듣고 나의 경험에 비추어보았을 때 잘 생각하고 행동하면 우를 범하진 않으리라.

동기부여의 열쇠는 기본 예의를 갖춰 사람을 대하는데 있다. 공을 들여 키워야 하는 화초보다 인간은 더 민감한 존재다. 화초를 대하듯 사람들을 대하라. 그러면 그들은 활짝 피어날 것이다.
___조 앤더슨

영업 성공 65법칙
낯선 사람과의 만남을 즐겨라

요즘 새로운 경험을 하고 있다. 집에 오래된 탁자를 버릴까 말까 고민하다가 딸의 이야기를 듣고 당근마켓이라는 앱을 통해 나눔을 했다. 10년 전에 꽤 비싸게 구입했던 좌식 탁자인데, 바닥보다 의자에 앉아 있는 시간이 많고 허리의 불편감도 있어서 과감하게 필요한 사람에게 기부하기로 결정을 했다.

기부한다고 앱에 올렸더니 다섯 명이 관심을 보였다. 필요한 질문들에 답변을 했고 처음 요청했던 사람은 답변이 너무 늦어서 결국 세 번째 사람에게 기회가 돌아갔다.

다음 날 아침 낯선 사람 세 사람, 즉 나눔을 원하는 사람과 딸 그리고 아들이 우리 집에 왔고 순식간에 탁자를 들고 갔다. 마침 옥장판도 기부를 하려고 생각을 하고 있던 터라 오신 사람에게 상품을 보여드리고 이야기를 했다. 활짝 웃으시며 시할머니 챙겨드리면 좋겠다고 이야기했다. 흔쾌히 옥장판도 기부를 하고 나니 기분도 좋고 몸도 가벼워진다.

이틀 후, 당근마켓에 잠깐 들어갔는데 눈에 띄는 옷이 보여 바로 채팅하고 한 시간 만에 우리집 지하 주차장에서 낯선 사람을 만나 옷을 건네받고 값을 치렀다.

새로운 경험 속에 낯선 사람을 만나는 것을 즐기고 있는 나를 발견한다.

우리가 만나는 사람들 즉 고객들은 처음부터 알고 지내는 사람도 많지만 잘 모르는 사람들이 더 많다. 만나기를 두려워하거나 힘들어한다면 어떤 관계도 어떤 계약도 이루어지지 않는다. 낯선 사람도 나의 오래된 지인이 될 수 있다는 가능성을 열고 만나야 한다.

그러기 위해서는 우선적으로 나부터 편안한 사람이 되어야 한다. 편안함은 관계 형성을 위한 아주 좋은 달란트이다. 편안함과 환한 미소 그리고 관심을 가지고 있는 태도가 필요하다.

영업 성공66법칙
아무것도 하지 않으면
아무 일도 일어나지 않는다

행동하는 사람처럼 생각하고, 생각하는 사람처럼 행동하라. 강가에서 물고기를 보고 탐내는 것보다 돌아가서 그물을 짜는 것이 옳다.

___앙리 베르그송

★

　1일 계획, 1주일 계획, 1년 계획, 5년, 10년, 평생 계획을 세우고 사는가?

　위 물음에 대답이 즉각 나오는 사람은 과연 몇 명이나 될까? 물론 계획을 세우고도 실천하지 않는 사람들도 부지기수다.

　일단 오늘은 계획부터 세워보자.

　'누구를 만나고 어디를 가고 간단하게'라도 적어보자.

　'글로 적으면 이루어진다'는 이야기를 여러 글들에서 접한 사람들이 많을 텐데, 글로 적는 것보다 머릿속으로만 생각하는 경우가 더 많다.

　A라는 고객을 만나러 가기로 머릿속으로 생각을 한다. 머릿속으로 계속 생각을 하다가 스스로 거절을 한다.

　'A고객 주변에는 보험설계사가 많을 거야.'

　'A고객은 보험이 많을 거야.'

　결국 생각으로만 그치고 행동으로 옮기지 못하는 사례들이 종종 있다.

　필자도 마찬가지다.

　비가 와서, 피곤해서, 그냥 이러저러한 핑계들로 자기 합리화를 시키고 고객을 만나러 가지 않는 경우들도 있다.

　아무것도 하지 않으면 아무 일도 일어나지 않는다는 말도 있지 않은가.

일단 수첩에 고객 이름을 적고 약속 시간을 정하기 위해 전화나 문자를 하고 고객을 만나러 나가자. 그렇게 하면 일은 만들어진다.

최근 머릿속으로 생각만 하거나 고민만 하던 고객 이름을 적고 고객에게 전화를 드리고 만나러 간다.

기존 계약을 분석하고 자신의 보장을 확인하고 부족한 보장을 설명했더니, 자신에게 맞는 상품이 있느냐고 물어보고 흔쾌히 계약을 했다.

계약뿐만 아니라 어떤 일이든 생각만으로 마무리하지 말고 생각이 실천이 될 수 있도록 움직여보자. 반드시 그에 대한 보답이 성과로 돌아올 것이다.

영업 성공67법칙
대화가 즐거운 사람이 되자

본론부터 이야기하는 고객이 있고, 충분한 아이스 브레이킹이 필요한 고객도 있다.

본론부터 이야기하는 고객은 마음이 급한 고객이다. 필요한 부분만 이야기하고 필요한 서류만 챙겨주기를 원한다. 그럴 때 고객의 눈높이를 잘 맞추어야 한다.

모든 고객들이 다 똑같지는 않으니 잘 맞추어 적절히 응대해야 한다.

어떤 고객들은 안부부터 묻는다. 그동안 잘 계셨는지, 가족들은 평안한지, 사업은 잘되고 있는지 등등.

어제는 소화가 안 되서 불편하다는 고객을 만났다. 마침 준비해 간 아로마가 있어서 물에 타서 한잔 챙겨드리고 마시면서 이야기를 나누었다. 큰딸의 취직 소식과 최근 흑염소를 먹고 몸이 많이 좋아졌다고 한다.

직원들 작년 11월경 법정의무교육을 받았다는 이야기에 '제가 바로 그 강의가 가능한 강사입니다'하고 이야기를 드렸더니 맞장구치면서 다음번 교육 때 꼭 모시고 싶다고 말한다.

눈을 반짝이면서 이야기하는 모습에 나도 덩달아 기분이 좋아졌다. 대화 말미에 최근 나온 보장도 살짝 언급했더니 딸 세 명 모두 설계해보라고 한다.

고객의 관심사를 읽어주고 대화를 하면 대화가 즐거워진다. 고객의 가려운 곳을 긁어주면 대화가 즐거워진다. 고객의 필요한 부분을 충족해 주면 대화가 즐거워진다.

그래서 열린 마음으로 대화를 나누어야 하고 지속적인 배움으로 고객에게 도움이 될 만한 일이 있다면 나로부터 도움을 드릴 수 있도록 해야 한다.

　대화가 즐거우면 계약은 따라온다.

영업 성공68법칙
고객의 사진을 찍고 파일과 함께 보관하라

———

　2007년 9월 무렵 한 증권회사를 찾아갔다. 보험 일을 시작한지 1년이 넘었을 때였고 자신감도 있었던지라 계좌 업무를 마무리하고 창구 여직원에게 나의 명함을 건네고 보험 전문가라고 소개하면서 보험 상담 한번 받으시라고 이야기를 툭 던졌다.

　그로부터 1주일 뒤 그 여직원에게 보험 상담을 받고 싶다고 전화가 왔다. 마침 회사가 10분 거리에 있어서 퇴근 후에 우리 회사로 오라고 했다. 상담은 진지하게 진행이 되었고 생명보험과 실비보험을 가입했다. 1주일 뒤 증권이 나왔다. 인천이 집이고 혼자 생활하는 고객이라 집밥이 그리울 것 같다는 생각이 들어서 우리집으로 초대했다.

　고객을 위해 밥을 새로 하고 생선을 굽고 김을 굽고 소박한 한 상을 차려서 같이 식사를 했다. 식사 후 차를 마시고, 과일을 먹고 사진도 찍었다. 그리고 고객은 몇 년 뒤 인천 근처로 발령을 받았다.

고객의 보험관리를 위해 인천에도 가고 이후에도 계속 고객과 소통을 했다. 몇 년 뒤 결혼을 했다고 뒤늦게 연락을 주어 문패 선물을 보냈다. 시간이 흘러 고객은 디저트 카페를 오픈한다고 화재보험을 의뢰했다. 또 시간이 흘러 레스토랑을 1호점, 2호점 올해는 3호점까지 오픈을 했다.

물론 화재 보험도 가입을 했다.

서로의 안부를 묻고 보험 이야기를 하던 중 고객의 배우자 보험 이야기가 나오고 내 보장 분석과 현재 상황을 고려해서 보험을 설계해서 메일로 보냈다. 최종적인 결정을 내리고 고객을 만나러 수원으로 가는 버스를 탔다.

고객을 오랜만에 만나 반가운 마음으로 14년 전 처음 우리집에서 함께 찍었던 사진을 보며 추억에 잠겼다. 너무 신기해하기도 하고 기쁘기도 하고 고객은 사진에 사진을 찍었다.

상담 진행을 했고 자신과 배우자를 위해 보험을 청약했다. 고객이 되면 지속적인 고객관리는 꼭 필요하다. 고객의 사진을 찍어두면 다음에 만날 때 이야기거리가 된다. 사진 한 장으로 우리는 여러 가지 이야기를 나눌 수 있다. 소중한 추억도 함께 공유할 수 있다.

영업 성공69법칙
100:10:1

'세일즈의 모든 것'의 신택현 저자는 "100명에게 DM(소식지)을 보내는 것보다 10명에게 전화 하는 게 낫고, 10명에게 전화하는 것보다 1명을 만나는 게 더 낫다"라고 한다.

보험 일을 해오던 16년 동안 1,000여 명의 고객들에게 소식지를 보내고 매일 10통화 이상 전화를 하고 3명 이상을 만났다.

물론 꾸준히 성실하게 계속 이어온 일들이다. 나의 성과들을 돌아보니 16년째 소식지를 보내거나 전화를 하는 것보다 무엇보다 만나는 것이 더 중요하다는 것을 느끼고 있다. 마침 자동차 보험 만기가 3일 남은 고객과 통화를 했다. 오후 약속에 고객이 사는 동네 근처에 다른 고객과의 선약이 잡혀 있던지라 먼저 만나고 출발하겠다고 카톡을 보내고 통화 후 출발했다.

만나서 그간의 안부를 묻고 자동차 보험에 대한 이야기를 나누었다.

그리고 새로운 상품에 대한 정보를 2달 전에 보냈는데 확인했느냐고 질문을 했다.

고객은 기억을 못하고 있었고 잘 모르겠다고 답했다. 그래서 그때 보낸 문자와 보험에 대한 내용을 다시 설명했다.

진지하게 듣고 있던 고객이 "오늘 하시죠"하고 이야기를 해서 전자 청약 준비를 하고 꼼꼼하게 다시 짚어가면서 설명을 하고 청약을 받았다.

요즘 코로나19로 많은 부분이 생략되기도 하고 미처 챙기지 못한 일들도 있지만, 이럴 때 일수록 더욱 고객과 만나야 한다. 만나서 간절한 이야기를 해야 한다.

고객이 준비하지 못한 보장을 챙기기 위해서 신택현 저자가 말한 '100:10:1'의 법칙을 나의 경험으로 비추어서 '1000:10:3'로 실천하기 위해 오늘도 힘찬 발걸음을 내딛는다.

영업 성공70법칙
언제나 배우는 사람이 되자

배움의 끝은 없다고 한다.

다양한 분야, 특히 스스로에게 관심 갖고 즐거워할 수 있는 분야에 눈과 귀를 열고 공부해야 한다.

2020년 코로나19로 여러 가지 일들이 멈추었을 때 휴먼 컬러라는 생소한 분야를 접했고 공부해서 휴먼 컬러 분석사가 되었다. 그리고 만남을 가졌을 때, 휴먼 컬러 분석을 원하는 사람들을 분석해서 자신의 컬러를 찾아주고 오행과 바이오리듬을 알려주었다.

현재까지 184명 째이다.

약 1년 동안 184명의 컬러를 알고 그분들의 마음을 읽어주고 마음의 소리를 들었다.

배우니까 된다. 관심을 가졌더니 된다.

즐겁게 공부하니까 된다.

나의 배움이 다른 사람들을 도울 수 있다면 진정 제대로 된 배움을 한 것이다. 올해는 코칭 공부에 매진하려고 한다. 아직 나에게는 생소한 분야인 코칭이지만 배우면 고객들에게 더 많은 도움을 줄 수 있으리라 확신한다.

고객을 만날 때 일부터 이야기하지는 않는다. 관심 분야를 먼저 이야기한다. 오늘 만난 고객의 카톡 사진을 보니 무등산에서 찍은 사진이 보여서 '무등산 자주 가시나 봐요'했더니 서석대를 800번 정도 갔다고 한다.

대단하다.

고객의 관심사였던 등산에 대해 질문했더니 신나게 이야기한다. 그러면서 마음을 연다.

처음 만나서 어색하고 약간은 불편했던 자리가 금방 몇 년 전에 만난 사람처럼 친해진다.

"공부해서 남을 주자"라고 매주 미라클 무등 나비에서 외친다.

박수 게임을 한다. 박수시작! 얍!!

공 부 해 서 남 을 주 자

공부 해서 남을 주자

공부해서 남을주자

공부해서남을주자

말로하고 행동으로 보이고 그리고 나눔으로 배움을 더욱 돈독하게 만든다.

오늘도 배운다.

사람으로부터 책으로부터.

PART 3

기쁘다
내 인생

01
삶을 위한 수업

삶은 죽음만큼이나 기쁜 신비이다. 그러나 아, 얼마나 그것은 우리에게 상쾌한 것인가, 우리가 살고 눈으로 보고 있는 이 삶은!
___ 메리 매이프스 다지

오늘 아침 알람은 4시 41분에 기분 좋게 울렸다. 그 알람에 맞추어 벌떡 이불을 박차고 일어났다.

아침에 눈을 뜨면 하는 일이 시간이 나오는 어플로 화장대 옆 막내가 적어준 '생생하게 꿈꾸면 이루어진다' 앞에서 손으로 하트를 그리고 사진을 찍는다.

2020년 4월 첫날부터 시작한 습관이 나의 하루 첫 수업 시간이다. 누구는 극히 사소한 일이라고도 하고 누구는 위대한 일이라고도 하고 누구에게는 쉽지만 누구에게는 굉장히 힘든 일이다. 나는 하루도 빠짐없이 반복적으로 꾸준히 한다.

나의 첫 수업 시간이 하루의 틀을 잡아준다. 흔들림 없는 삶을 만들어 나가라고 그리고 씨앗을 뿌릴 수 있는 진흙의 삶을 만들어 나가라고 그리고 10분 뒤에 일어난 남편과 인사를 한다.

2014년부터 생긴 수업 과목이다.

"안녕하세요, 반갑습니다, 고맙습니다, 사랑합니다."

"밤새 안녕이라고 했던가, 편안하게 잠자고 일어나서 안녕하세요, 오늘 아침에 처음 만나게 되어 반갑습니다."

"내 옆에 함께 있어주셔서, 고맙습니다."

"해도해도 또 하고 싶은 말, 사랑합니다."

두 번째 수업 시간도 아주 충실히 알차게 잘 만들어간다.

세 번째 수업 시간은 가끔 빼먹기도 한 마사지 시간이다. 아로마를 이용해 머리부터 발끝까지 마사지를 해서 몸과 마음을 릴렉스 그리고 힐링시키는 이 시간은 기분 좋은 시간이다. 출장이나 아침 교육이 있을 때는 생략하고 후다닥 출근 준비를 한다.

네 번째 수업 시간은 아침 먹기다. 미지근한 물 한잔, 과일과 수제 요거트와 영양제를 먹는 시간이다. 몸이 튼튼해야 마음도 튼튼하는 법이다. 오늘 아침엔 가족이 "이렇게 이른 새벽에 나처럼 먹고 출근하는 사람은 없을 것 같아"라면 미소를 지으며 은근 칭찬을 해준다.

다섯 번째 수업 시간은 기도하기다. 프란치스코, 프란치스카로 아빠, 엄마로 가족을 위해 기도하는 소중한 시간이다.

여섯 번째 수업 시간은 배웅하기다. 지하주차장으로 내려갈 수 있도록 엘리베이터 앞에서 "여봉, 다녀오세요" "좋은 하루 되세요" "사랑합니다" 세 마디 인사하면 엘리베이터 문이 닫힌다.

기상해서부터 약 한 시간 동안 이루어진 나의 소중한 수업 시간, 내 삶의 기초가 되고 있다.

내 삶의 에너지가 되고 있다.

02
좋은 사람 곁에는 좋은 사람이 있다

타고난 자질과 환경이라는 제한된 조건 안에서 인간이 어떤 사
람이 될 것인가 하는 것은 전적으로 그의 판단에 달려 있다.
___빅터 프랭클

좋은 사람은 항시 옆에 있어 행복한 사람, 옆에 있어 든든한 사
람, 옆에 있어 편안한 사람, 옆에 있어 설레이는 사람이라고 생각
한다.

가끔 '어떻게 하면 꾸준히 고객을 만나고 계약을 유지할 수 있
나요?' 호기심 어린 질문을 듣곤 한다. 나는 늘 이렇게 답한다.
'먼저 좋은 사람이 되려, 노력합니다'라고….

평소에 내가 선한 영향력을 미칠 수 있으면 따를 것이고, 아
니면 멀리할 것이다. 내가 사는 집 아래 위, 그리고 101동 103동
107동에는 고객이 살고 있는데, 요리가 취미이고, 엄마 닮아 한
큰 손하는 나는 장조림, 멸치볶음 같은 밑반찬할 때 기왕 좀더 해
서 가져다 드리곤 한다.

이제 그만 가져오라며 손사래 치시지만, 나에게 좋은 사람이 된다는 건, 지금 있는 것을 나눈다는 뜻이다.

오늘도 편지, 음식, 꽃, 메시지를 통해 내 마음을 부지런히 나눈다. 좋은 사람이 되어야 좋은 사람을 만난다는 것을 믿기 때문이다.

03
15년을 넘는 평생고객관리비법

———

뜻밖의 손님이 찾아왔었다.

"유송자 이사님을 닮고 싶어요" 내 카카오스토리를 매일 보고 있었는데, 나의 트레이드마크와 마찬가지인 지속하는 끈기에 반했다며, 고객관리방법에 대해 배우고 싶다고 찾아온 다른 회사 보험 매니저였다.

서울에서 나를 닮고 싶다며 광주까지 내려온 그 분은 현장에서 고객을 직접 만나는 보험FC 가 아니었다. 국내 보험사매니저로 FC를 뽑아서 키우는 교육담당자로 고객관리를 어떻게 해야 하는지? 알려주는 역할을 하는 분이었다.

누군가는 이렇게 말한다.

다른 보험회사(경쟁사)에 비법을 막 알려줘도 되느냐고….

실은 나도 성과를 잘 내는 사람이 있다고 들으면 만나보고 싶은데, 남의 보험회사에 찾아간다는 게 말처럼 쉬운 일은 아니다. 그런데 실제로 배우고 싶어서 서울에서 광주로 나를 찾아오겠다니! 나는 그의 열정과 실행력에 반한 건지도 모른다.

감출 것도 없고, 내가 알려준 건 꼭 보험뿐만이 아닌 삶에서 적용되는 핵심적인 한 가지밖에 없다. 그때 당시 나에게 고객관리법을 배워갔는데, 본인의 방법과 함께 적용해서 교육을 시켰고, 그때 교육담당을 맡아 했던 FC가 16명 정도 됐는데, 그중 무려 14명이 정착했다는 기쁜 소식을 전해왔다. 보험이라는 업계 특성상 잘해야 1~2년 채우고 그만두는 케이스가 많은데, 14명이 정착했다는 건 정말 어마어마한 일인 것이다.

사실 내가 보여드릴 수 있던 건, 내가 하고 있던 것들뿐이었다. 간호사 시절부터 습관이 되었던 평생고객관리차트와 고객이 두 달 또는 1년 후, 뵙자고 했을 때 기록해 두는 30년 달력이다.

보기엔 쉽다. 누구나 '아 이렇게 관리하면 되겠구나?'하며 따라 하기 쉽다. 하지만 아무나 따라 하지 못하는 그 핵심은? 바로 실천이다.

'평생고객관리차트' 오늘부터 만들어서 관리하면 되고, '30년 달력'에 2~3개월 후 또는 1년 뒤 2년 뒤 고객이 다시 찾아오라는 말, 흘려듣지 말고 적어 놓고 그 날짜에 연락하고 찾아가면 된다. 표면적으로는 그대로 행하기만 하면 되지만, 행동만 따라하면 행동을 지속하지 못한다.

'평생고객관리차트'를 만들었다는 것은 말뿐만 아니라 행동으로도 내 업을 할 수 있는 한 평생 지속하며 고객과 함께 하겠다는 약속이고, '30년 달력'을 쓴다는 것은 고객이 어떤 말을 흘려도 꼭 지켜야할 약속으로 인지하고 준비한다는 마음가짐을 가진다는 것이다.

말은 누구나 잘한다.

하지만 실천은 아무나 못한다.

보험영업이든 삶에서 적용되는 핵심적인 한 가지는 바로 '나 자신과의 약속'을 지키는 일이다. 평생고객관리차트를 쓰든 30년 달력을 쓰든 누가 알아주지 않아도 내가 스스로하기로 마음먹지 않으면 행동으로 옮길 수 없고 15년간 지속해 오지도 못했을 것이다.

나에게 그 원리를 배워가서 실천한 타사 매니저는 이번에 큰 법인계약을 맺는 쾌거를 이루었다고 전해왔다. 그리고 우수사례를 발표하는 시간, 용감(?)하게 나에 대한 감사 인사를 전했다고 한다.

참 감사하고 행복한 일이다.

30년 이상 고객과 함께 손잡고 인생의 여정을 함께 하기를 기도해 본다.

04
거절을 이겨낼 수 있는 비결은

혼수상태에 빠진 고객이 있었다. 급작스러운 뇌출혈 진단으로 마음이 착잡해졌다.

이분과 인연을 맺은 지 벌써 15년째, 모임에서 만난 사람인데, 당시 60세이었다. 사람과 인연을 맺다 보면 특히 보험에 대한 안 좋은 기억 때문인지 유독 싫어하는 사람이 있다.

이분도 보험을 엄청 싫어하는 편이었다. 그럼에도 유송자라는 사람이 참 열심히 산다고 힘이 되어주고 싶어 나의 상품을 사주고 싶은 마음에 보험을 의뢰한 것이었다.

하지만 이러나저러나 보험이 싫은 마음은 변함없는지라, 진단받았을 때 돈이 나오는 보장성 상품이 아니라 적금처럼 일정기간 넣는 저축성 상품만 들었다.

이미 큰오빠의 급작스런 사고를 겪었기에 또 그로 인해 불행 중 다행으로 보험금을 받아 도움을 받았었기에 나는 보장성도 꼭 필요하다고 더 권하고 싶었지만 강요할 수는 없었다. 그 후 적금이 끝나는 5년 후, 70세를 코앞에 둔 10년 후, 두 번 더 권했었다. 하지만 진단, 수술, 입원했을 때 나오는 게 있어야한다고 두 번을 권해드렸는데, 괜찮다고 내 돈으로 내면된다고 60세부

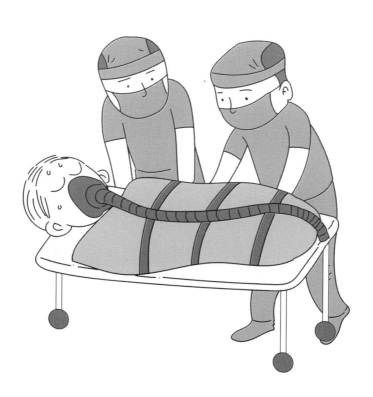

터 거절했던 분이 75세 때 갑자기 뇌출혈로 쓰러져버렸다.

70세 생신 한 달 전에도 말씀드렸고, 사모님께 전화가 왔다.

"저희 남편 혹시 들어 놓은 보험이 있을까요?"

그 말을 듣는 데 가슴이 콱 막히면서 눈물이 나려고 했다. 세 번의 기회가 왔었는데, 억지로라도 보험을 들게 하지 못한 나는 직무유기인가? 아예 우리 회사의 고객이 아니었다면 어쩔 수 없지만, 내가 하는 일에 책임감을 갖고 원치 않는다 해도 보장성 보험이 왜 필요한지 더 설득했더라면, 세 번이 아니라 여섯 번이라도 더 설득했다면, '뇌출혈'이라는 병이 얼마나 이기기 힘든 병인 줄 잘 알고 있었기에 마음이 더 무거웠다. 잠시 이겨낸다 해도 얼마나 힘겨운 상태가 된다는 것을…

특히나 교통사고 두 번이나 뇌출혈 수술을 하고 몸 한쪽이 마비되어 생활하고 있는 오빠를 가까이서 겪고 있기에 몸 한쪽이 마비되어 화장실도 혼자 못가는 상황인데 이럴 경우 재활도 늦어지기에 너무 마음이 아팠다.

나는 보험전문가다. 다른 지식적인 교육은 전문가의 말은 잘 따라서 하면서 정작 나는 고객이 부담을 느낄까 봐 '보장을 받을 수 있는 것도 꼭 넣어야 할 텐데!'라는 마음을 늘 느끼면서도, 부담을 안 주려는 마음을 더 앞세운 건 아닌지, '전문가로서 내 의견을 강하게 말씀드리는 것도 나의 의무'란 것을 깨닫는다.

후처리만큼 상담 시에도 그분의 훗날을 생각하며 책임감을 갖고 작은 보장이든 큰 보장이든 받을 수 있는 것을 꼭 넣어야 한다고 말이다. 의도한 병이 어디 있을까? 내가 보험전문가로서의 책임감을 다하면, 고객이 작은 병이든 큰 병에 걸렸을 때 더 잘 지켜줄 수 있을 거라고 믿고 나아가야겠다.

거절을 이겨낼 수 있는 비결은? 보험전문가로서 위험에서 지켜드린다는 사명으로 대비할 수 있는 것을 반드시 하나라도 권해드리고 인연을 맺고, 정말 일이 생겼을 때는 곁을 지켜드리는 기본 마음가짐을 갖추는데 있다. 나는 다른 분들을 이끌어 드려야 할 전문가임을 잊지 말자.

05
당신의 보험 재정상담가는 MDRT회원?

———

2006년 7월 입사 후, 2008년부터 MDRT(생명보험 판매분야 명예의 전당)회원이다. 14년 올해 2021년도 MDRT회원으로 고객의 이익을 최우선으로 하고 나눔의 정신을 실천하는 헌신적인 사회봉사자가 되었다. 고객제일, 전문성, 나눔과 봉사, 상호교류를 통해서 멋진 나를 당당한 만들어 나간다.

나의 목표는 MDRT 33년 이상 달성하는 것, 지금 속도라면 무난히 가능할 수 있을 것 같다. MDRT의 윤리강령을 적어보며 종신회원으로서의 긍지와 자부심을 갖는다.

최고의 자문 제공

전문적인 지식, 기술 및 능력을 향상시키고 이를 유지하려는 부단한 노력을 통해서 최고 수준의 전문가적 능력을 유지시키며 고객에게 최고의 자문을 제공한다.

고객 비밀 유지

고객과 관련된 모든 사업 및 개인 정보에 대해서 사명감을 가지고 철저히 비밀을 유지한다.

합리적인 의사결정

고객이 충분한 정보를 토대로 합리적인 의사결정을 할 수 있도록 이와 관련된 모든 사실을 제공한다.

영업윤리 준수

보험과 재정서비스업계 그리고 MDRT에 대하여 긍정적인 인식을 시킬 수 있는 품위를 유지한다.

도덕성 준수

생명보험이나 재정 상품의 계약대체 시 반드시 고객의 이익을 고려한다.

법과 규정 준수

영업 중인 해당 국가의 모든 법과 규정을 준수한다.

어느 날, 내가 근무하는 회사 홈페이지에 칭찬이 올라왔다.

보험얘기만 하면? 유송자가 떠오른다는 얘기였다.

독서모임을 10년째 함께하는 벗이자 고객이기도한 분이 회사 홈페이지에 일부러 접속해서 감사하게도 내 칭찬을 남겨준 것이다. 기존에 생명보험과 실비보험 그리고 아이가 태어났을 때 태아보험 모두를 나를 믿고 맡겨주셨는데, 평소에도 주변 사람들에게 추천을 많이 해주셔서, 보내주시는 신뢰와 사랑에 항상 감사드리는 분이다.

이런 고객들이 있기에 천 년 은행나무와 같이 뿌리내리고 꾸준히 오래오래 함께 해 나가려는 노력을 나는 오늘도 해 나간다.

06
젊은 보험인들에게 드리는 글

———

무조건 기존 보험 해지하라고 하면 안 된다. 가지고 있는 보험들, 새롭게 계약 맺을 때 다이어트시킨다고 무조건 다 깨고 다시 넣어드리는 경우가 있다. 불필요한 보험은 갈아타는데 동의하지만, 늘 갑작스런 상황에 대비를 해야 한다.

예전에 한 설계사가 고객의 기존 보험을 다 해약시킨 후, 새 보험으로 가입시킨 사례를 보았는데, 87일째 되는 날, 아파서 병원을 찾았다가 큰 병에 대한 진단을 받게 되어서 보상을 못 받은 경우가 발생했다. 보험을 든 직후, 90일 이내 진단을 받는 경우엔 보장을 받지 못한다. 그런데 고객이 아플 때 보험을 든지 며칠이나 됐지? 따지면서 병원에 가는 건 아니니까, 3일차이로 못 받게 된 안타까운 일이 발생을 했던 것이다.

대다수의 보험설계사의 생명이 보통 1~2년이라 한다. 반짝하고 잠시 일하다 갈거면 대충 일해도 되나? 하지만 어떤 직업을 갖든 사명을 가지고 임하며, 결국 고객이 잘되어야 나의 일도 잘되고 지속될 수 있다는 것을 젊은 영업인께 당부하고 싶다.

07
깨진 유리창의 법칙

———

갑자기 다급한 전화가 걸려왔다. 아빠가 몰래(?) 보험을 들었는데, 이제 알게 되어서 어떤 걸 들었나 보험 약관을 보니 운전자보험을 너무 비싸게 넣은 것 같다며, 분석의뢰를 해왔다. 사실 사고로 인한 보장을 받으려면 1~2만 원 선에서도 운전자보험을 충분히 넣을 수 있다. 비싸질 수 있는 이유는 나중에 돌려받을 수 있도록 적립금 비율을 포함시켰을 때, 또는 특약들을 많이 넣었을 때 당장 내는 금액이 높아진다고 보면 된다. 하지만 의뢰해 온 따님은 지금 돈의 가치가 1년, 2년이 지날수록 떨어지는 것을 알기에 적립금은 빼고, 차라리 같은 금액이면 저렴한 운전자보험과 뇌나 심장 관련 보장암 보장을 더 강화하는 것을 원했다. 다행이도 보험 넣은 지 아직 한 달이 되지 않아서, 손해 없이 청약 철회가 가능한 상황이었다.

해당 보험사에 먼저 철회를 요청한 후, 다시 저렴하게 보장만 받을 수 있는 것으로 계약하기로 했다. 타사에서 보험을 들은 고객들이 물어오는 질문 중 하나가 있는데, 사정상 계약한 것이 후회가 되어 한 달 이내 보험을 철회하겠다고 보험사에 다시 요청하면, 설계사가 사정사정한다는 말을 하며, 자신의 손해가 막심하다며 계속 유지만 해준다면 6개월 이상 보험료를 대신 내주겠다고 한다는데, 이럴 땐 어떻게 해야 하냐는 질문이다.

이번에 운전자보험을 문의한 따님의 아버님도 타사 보험사에 청약 철회를 요청하니, 7개월을 자신이 내주겠다며 계속 전화에 문자가 와서 시달렸다고 한다. 이런 상황들이 꽤 많이 일어나기에 나는 애초부터 계약만 체결하는 것에 급급하지 않는다.

유지하지 못할 보험은 결국 서로에게 큰 피해가 가기 때문이다. 그런데 긴 세월 알아왔다는 인정 때문에 다시 계약을 들어주는 경우까지 종종 보게 된다. 나를 위한 보험인지? 설계사를 위한 보험인지? 애초에 보험을 들었던 이유, 본질을 잃어버리게 되는 것이다.

7개월 치를 자신이 낸다며 철회를 되돌려달라고 애원해 온다면, 자신의 실적에만 득이 되는 보험을 들게 했다는 배신감이 들었어도 마음이 약해지기 마련이다. 20여 년간 인연을 맺어왔던 사람의 부탁을 외면하기가 쉽지가 않다. 하지만 깨진 유리창의 법칙처럼 티 안나 게 금이 갔었던 관계가 이제 깨진 것 같다. 그렇게 마음이 이미 안 좋은 상태에서 어떤 보험이든 다시 계약할 마음이 생길까?

순천에 2시간여를 운전해서 보험을 설계해서 간 것이었지만, 저는 그저 가만히 고객의 넋두리를 들으며 위로해 주었다.

"소개받고 멀리서 오셨는데, 제가 더 생각해 봐도 될까요?"

어렵게 꺼내는 그분 가족의 말에 "오늘 계약 안 해도 괜찮습니다" 웃으며 대답했다.

뜻밖에 맺어진 인연에 더 감사한다.

당장의 계약에 급급해 물을 흐리는 영업은 결국 유리창을 깨버리는 행위임을 믿는다. 후배님들은 명심하길 당부한다.

에필로그

감사하면 감사할 일이 웃으면 웃을 일이 생긴다.

생각하는 대로

말하는 대로

글로 적은 대로

마음먹은 대로

그림으로 그린 대로

5개월 전에 작은방을 내 서재 겸 힐링의 공간으로 만들었다

그 방에서 책도 보고 글도 쓰고 명상도 하고 있다.

지금 일요일 밤 9시 33분 내가 가장 사랑하고 좋아하는 장소인 내 집 그리고 내 방에서 한주의 정리와 다음 주를 준비하는 시간에 이 글을 쓰면서 행복감이 밀려옴을 느낀다.

늘 그랬던 것 같다. 긍정의 마인드로 생각하고 말하고 그래서 언젠가 문득 떠오르는 생각 그리고 말 "감사하면 감사할 일이 웃으면 웃을 일이 생긴다." 기도처럼 쓰는 이 말이 나를 변화시켰다, 나를 성장시켰다.

15년의 간호사 생활 그리고 16년을 넘어서 17년으로 가고 있는 보험재정설계사 두 직업 다 좋은 분들과 함께 있었고 선한 영향력을 발휘하려고 지금도 쭉 노력하고 있고 무엇보다 나 자신

스스로 꾸준함의 힘을 발휘했기 때문에 가능했던 일들이다.

소천의 글을 적어보며 다시 감사해 본다.

나에게 감사하다

머리야 고맙다

온갖 것 다 생각나게 해줘서

눈아 고맙다

보고픈 것 마음대로 볼 수 있게 해줘서

귀야 고맙다

필요한 거 듣고 사랑하게 해줘서

입아 고맙다

맛있는 것들 마음껏 먹을 수 있게 해줘서

모가지야 고맙다

여기저기를 둘러보게 해줘서

이 한 몸 모두모두 고귀한 연계 구성!

여기까지 잘 살아줘서 참으로 고맙다

-소천-

꾸준함의 대가
유송자Dream

유혹의
도구

@.....비주얼 싱킹(visual thinking)

자신의 생각을 글과 이미지 등을 통해 체계화하고 기억력과 이해력을 키우는 시각적 사고 방법이다. 조금 더 간단하게 설명을 하면 생각을 글과 그림으로 표현하고 나누는 것을 말한다.

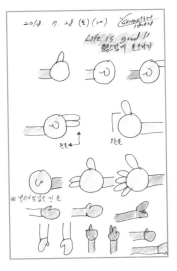

@......마인드맵(Mind map)

마치 지도를 그리듯이, 자신이 여태까지 배웠던 내용이나, 자기
관리 등을 할 수 있는 방법이다. 마인드맵은 계층 구조이며 전체
의 조각들 간 관계를 표시한다.

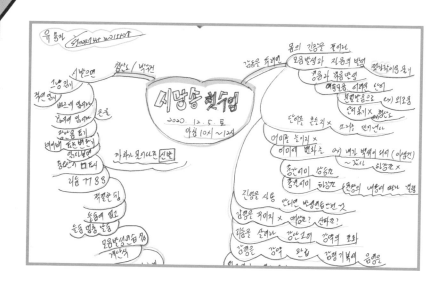

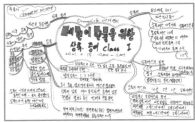

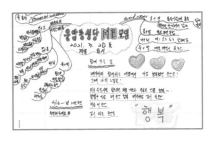

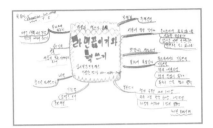

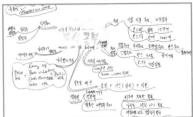

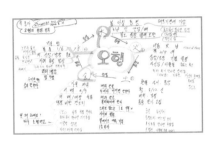

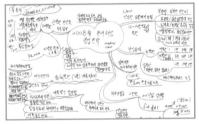

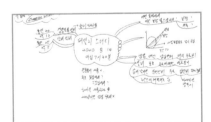

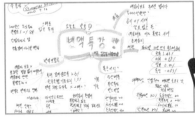

@.....바인더와 주간계획서

❶—주간계획서 ❷—주를 단위로 회사의 영업, 판매 등에 대한 계획을 기록한 서식

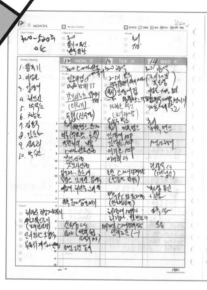
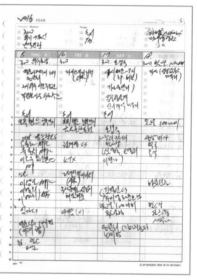

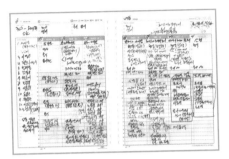

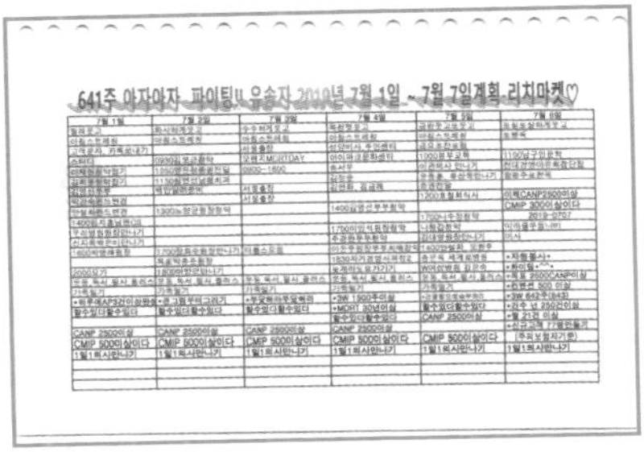
641주 아자아자 파이팅!! 유송자 2019년 7월 1일 ~ 7월 7일계획 리치마켓♡

641주 아자아자 파이팅!! 유송자 2019년 7월 1일 ~ 7월 7일계획 리치마켓♡

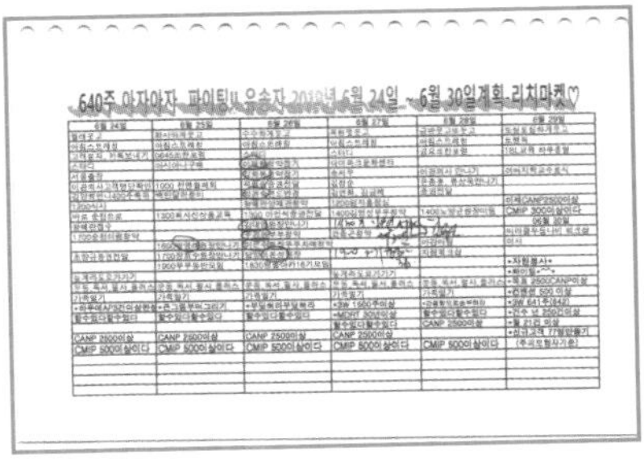
640주 아자아자 파이팅!! 유송자 2019년 6월 24일 ~ 6월 30일계획 리치마켓♡

#1. 2020. 7. 1. 수

아침이면 태양을 볼 수 있고
저녁이면 별을 볼 수 있는
나는 행복합니다.
잠이 들면 다음날 아침 깨어날 수 있는
나는 행복합니다.
기쁨와 눈물과 사랑을 느낄 수 있고
남의 아픔을 같이 아파해 줄 수 있는 가슴을 가진
나는 행복합니다.   ~김수환〈우리가 서로 사랑한다는 것〉중에서

유송자

#3. 2020. 7. 3. 금

낭비된 인생이란 없어요
우리가 낭비한 시간이란
외롭다고 생각하며 보내는 시간뿐이지요.

~ 미치 앨봄〈천국에서 만난 다섯 사람〉중에서

유송자

#2. 2020. 7. 2. 목

나는 기적이라는 말을 믿습니다.
그 기적은 자신의 한계를 극복하며
간절히 원하고 기도하는 자에게만
허락된다는 것도 알고 있습니다.
경건해야 하며,
절대 방심하지 말아야 하며,
더해도 포기할 줄도 알아야 합니다.
~ 엄홍길 〈 괜찮아, 살아 있으니까 〉
유 옹자 〈SJ에서7권 300/150 가

#4. 2020. 7. 4. 토.

멀리 있는 사람들을 사랑하는 것은 오히려 쉽습니다.
그러나 우리에게 가까이 있는 사람들을
항상 사랑하기란 쉽지 않습니다.
여러분의 가정에 사랑을 가져오십시오.
이웃사랑도 우리 서로를 위한 사랑에 시작되는 장소니까요.
~ 마더 테레사, 〈 모든 것은 기도에서 시작됩니다 〉
유 옹자 〈SJ에서7권 300/150 가

228   229

#5. 2020. 7. 5. 일.

진정한 가족을 이어 주는 끈은
혈통이 아니라
서로의 삶에 대한 존중과 만족이다.

~ 리처드 바크, 〈환상〉 중에서

유둥자

2020. 8. 13

뜨겁게 나를 응원한다 #1   "생각"

사람은 생각하는 대로 된다.
We become what we think about.

생각대로 살지 않으면
사는대로 생각하게 된다.   "응원"
내 생각이 바로 나다.
오늘도 긍정마인드 해피마인드로 로벌!   "긍정"

유둥자

2020. 8. 15.

뜨겁게 나를 응원한다. #2   "잠재력"
보이지 않는 힘
                                    "응원"
현재 우리의 모습은
과거에 우리가 했던 생각의 결과다.
이 힘이 무엇인지는 나도 모른다.
나는 단지
그 힘이 있다는 사실만 알 뿐이다.

— 알버트 슈바이처 빌

유둥자

#6. 2020. 7. 6. 월

나는 이 당뇨병이 내게 주신 하느님의 선물이라고 생각한다.
내 마음은 성찰을 할 받고 계시든 하느님이 내게 당뇨를 통해서
먹고 마시는 일에 지나치지 말고 절제하라고
축제를 내주신 것이다.

~ 최인호 〈산중일기〉 중에서

유 용자

2020. 8. 14
뜨겁게 나를 응원한다 #2.　　　　"성공"

당신에게 '성공'이란 무엇입니까?　　"내가 원하는 것"

너 자신을 알라.
이것 없이는 행복을 느낄 수 없다! 다 이뤘었을 때
가벼울 것
성공이란 당신이 원하는 것을 하는 것
　　원하는 때
　　원하는 사람
　　원하는 장소에서　　　유 용자

2020. 8. 16
뜨겁게 나를 응원한다 #4.
당신은 집안에 연기를 두고 집 밖에서 찾고 있지 않은가
보이는 것보다　　　　"생각"
보이지 않는 것의 힘이 훨씬 더 강력하다
보여지는 명사 4와 어떻이
보이는 형태 위의 4와 원매를 중요한다.　　유 용자
지금 내가 돈이 없다는 것은 보이는 결과다.
그 원인이 되는 뿌리는 무엇인가? 외적인 것을 바꾸는 방법은 오과 하나,
내부에서 돌아가는 내적인 세계를 바꾸어 한다.
당신의 삶이 겉보기에 돈 들어오기 않는다면
내면에서 무언가 잘못 돌아가고 있기 때문이다. 그 원인은 바로 생각이다

@_____생꾸 438의 기적

생생하게 꿈꾸면 이루어진다.

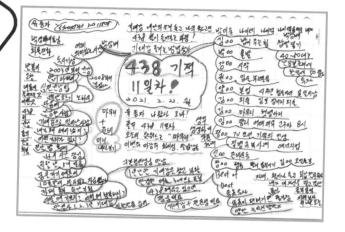

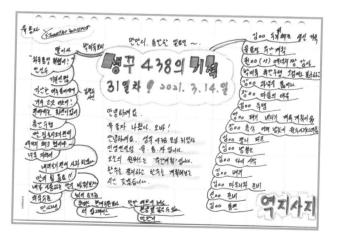

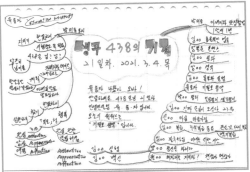

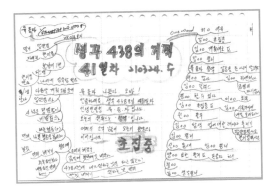

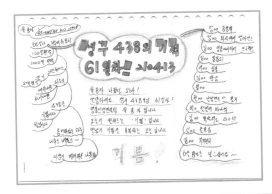

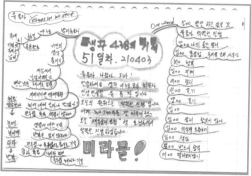

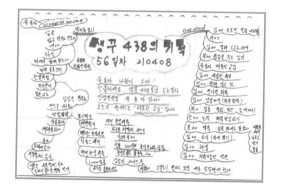

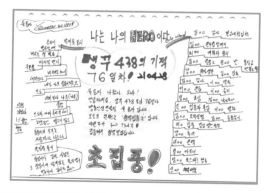

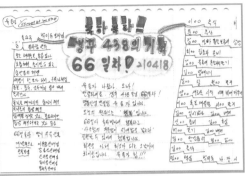

@.....웃음 사랑

@____긍정

그러하다고 생각하여 옳다고 인정함

@____확언

확실하게 말함. 또는 그런 말

1872건의 계약을 성공으로 이끈 성공의 법칙

꾸준함으로 유혹하라

2021년 8월 10일 1판1쇄 발행

지은이 유송자
펴낸이 최봉규

북코디 밥순갈(최수영)
교정교열 주항아
디자인 공간42
마케팅 김낙현

펴낸곳 지상사(청홍)
출판등록 2002년 8월 23일 제2017-000075호

주소 서울 용산구 효창원로64길 6(효창동) 일진빌딩 2층
우편번호 04317
전화번호 02)3453-6111 팩시밀리 02)3452-1440
홈페이지 www.jisangsa.co.kr
이메일 jhj-9020@hanmail.net

주식 차트의 神신 100법칙

이시이 카츠토시 / 이정은

저자는 말한다. 이 책은 여러 책에 숟가락이나 얻으려고 쓴 책이 아니다. 사케다 신고가를 기본으로 실제 눈앞에 보이는 각 종목의 움직임과 조합을 바탕으로 언제 매매하여 이익을 얻을 것인지를 실시간 동향을 설명하며 매매전법을 통해 생각해 보고자 한다.

값 16,000원 국판(148*210) 236쪽
ISBN978-89-6502-299-2 2021/2 발행

주식의 神신 100법칙

이시이 카츠토시 / 오시연

당신은 주식 투자를 해서 좋은 성과가 나고 있는가? 서점에 가보면 '주식 투자로 1억을 벌었으니 2억을 벌었으니' 하는 책이 넘쳐나는데, 실상은 어떨까? 실력보다는 운이 좋아서 성공했으리라고 생각되는 책도 꽤 많다. 골프 경기에서 홀인원을 하고 주식 투자로 대박을 낸다.

값 15,500원 국판(148*210) 232쪽
ISBN978-89-6502-293-0 2020/9 발행

주식투자 1년차 교과서

다카하시 요시유키 / 이정미

오랫동안 투자를 해온 사람 중에는 지식이 풍부한 사람들이 있다. 그러나 아쉽게도 지식이 풍부한 것과 투자에 성공하는 것은 서로 다른 이야기다. '잘 안다'와 '잘 한다' 사이에 높은 벽이 있다. 이 책에서는 '잘할' 수 있도록, 풍부한 사례를 소개하는 등 노력하고 있다.

값 15,800원 국판(148*210) 224쪽
ISBN978-89-6502-303-6 2021/5 발행

영업은 대본이 9할

가가타 히로유키 / 정지영

이 책에서 전달하는 것은 영업 교육의 전문가인 저자가 대본 영업 세미나에서 가르치고 있는 영업의 핵심. 즉 영업 대본을 작성하고 다듬는 지식이다. 대본이란 '구매 심리를 토대로 고객이 갖고 싶다고 "느끼는 마음"을 자연히 끌어내는 상담의 각본'을 말한다.

값 15,800원 국판(148*210) 237쪽
ISBN978-89-6502-295-4 2020/12 발행

영업의 神신 100법칙

하야카와 마사루 / 이지현

인생의 고난과 역경을 극복하기 위해서는 '강인함'이 반드시 필요하다. 내면에 숨겨진 '독기'와도 같은 '절대 흔들리지 않는 용맹스러운 강인함'이 있어야 비로소 질척거리지 않는 온화한 자태를 뽐낼 수 있고, '부처'와 같은 평온한 미소로 침착하게 행동하는 100법칙이다.

값 14,700원 국판(148*210) 232쪽
ISBN978-89-6502-287-9 2019/5 발행

리더의 神신 100법칙

하야카와 마사루 / 김진연

리더가 다른 우수한 팀을 맡게 되었다. 하지만 그 팀의 생산성은 틀림없이 떨어진다. 새로운 다른 문제로 고민에 휩싸일 것이 뻔하기 때문이다. 그런데 이번에는 팀 멤버를 탓하지 않고 자기 '능력이 부족해서'라며 언뜻 보기에 깨끗하게 인정하는 듯한 발언을 하는 리더도 있다.

값 15,000원 국판(148*210) 228쪽
ISBN978-89-6502-292-3 2020/8 발행

경매 교과서

설마 안정일

저자가 기초반 강의할 때 사용하는 피피티 자료랑 제본해서 나눠준 교재를 정리해서 정식 책으로 출간하게 됐다. A4 용지에 제본해서 나눠준 교재를 정식 책으로 출간해 보니 감회가 새롭다. 지난 16년간 경매를 하면서 또는 교육을 하면서 여러분에게 꼭 하고 싶었던…

값 17,000원 사륙배판(188*257) 203쪽
ISBN978-89-6502-300-5 2021/3 발행

생생 경매 성공기 2.0

안정일(설마) 김민주

이런 속담이 있죠? '12가지 재주 가진 놈이 저녁거리 간 데 없다.' 그런데 이런 속담도 있더라고요. '토끼도 세 굴을 판다.' 저는 처음부터 경매로 시작했지만. 그렇다고 지금껏 경매만 고집하지는 않습니다. 경매로 시작했다가 급매물도 잡고, 수요 예측을 해서 차액도 남기고…

값 19,500원 신국판(153*224) 404쪽
ISBN978-89-6502-291-6 2020/3 발행

설마와 함께 경매에 빠진 사람들

안정일 김민주

경기의 호황이나 불황에 상관없이 경매는 현재 시장의 시세를 반영해서 입찰가와 매매가가 결정된다. 시장이 나쁘면 그만큼 낙찰 가격도 낮아지고, 매매가도 낮아진다. 결국 경매를 통해 수익을 얻는다는 이치는 똑같아 진다. 그래서 경매를 잘하기 위해서는…

값 16,800원 신국판(153*224) 272쪽
ISBN978-89-6502-183-4 2014/10 발행

부동산 투자術술

진우

자본주의 시스템이 의해 자산과 물가는 계속 오르고 있지만 상대적으로 소득은 매년 줄어들어 부익부 빈익빈 상태가 전 세계적으로 더욱 심화되고 있기 때문이다. 물론 돈과 물질적 풍요가 우리 삶의 전부가 아니며, 그것만으로 인간의 진정한 행복과 만족감…

값 16,500원 신국판(153*225) 273쪽
ISBN978-89-6502-298-5 2021/2 발행

월급쟁이 초보 주식투자 1일 3분

하야시 료 / 고바야시 마사히로 / 노경아

무엇이든 시작하지 않으면 현실을 바꿀 수 없다는 것을 깨닫고 회사 업무를 충실히 수행하면서 주식을 공부해야겠다고 결심했다. 물론 주식에 대한 지식도 경험도 전혀 없어 밑바닥에서부터 시작해야 했지만, 주식 강의를 듣고 성과를 내는 학생들도 많았으므로 좋은 자극을 받았다.

값 12,700원 사륙판(128*188) 176쪽
ISBN978-89-6502-302-9 2021/4 발행

통계학 超초 입문

다카하시 요이치 / 오시연

젊은 세대가 앞으로 '무엇을 배워야 하느냐'고 묻는다면 저자는 다음 3가지를 꼽았다. 바로 어학과 회계학, 수학이다. 특히 요즘은 수학 중에서도 '통계학'이 주목받는 추세다. 인터넷 활용이 당연시된 이 시대에 방대한 자료를 수집하기란 식은 죽 먹기이지만…

값 13,700원 국판(148*210) 184쪽
ISBN978-89-6502-289-3 2020/1 발행

세상에서 가장 쉬운 통계학 입문

고지마 히로유키 / 박주영

이 책은 복잡한 공식과 기호는 하나도 사용하지 않고 사칙연산과 제곱, 루트 등 중학교 기초수학만으로 통계학의 기초를 확실히 잡아준다. 마케팅을 위한 데이터 분석, 금융상품의 리스크와 수익률 분석, 주식과 환율의 변동률 분석 등 쏟아지는 데이터…

값 12,800원 신국판(153*224) 240쪽
ISBN978-89-90994-00-4 2009/12 발행

세상에서 가장 쉬운 베이즈통계학 입문

고지마 히로유키 / 장은정

베이즈통계는 인터넷의 보급과 맞물려 비즈니스에 활용되고 있다. 인터넷에서는 고객의 구매 행동이나 검색 행동 이력이 자동으로 수집되는데, 그로부터 고객의 '타입'을 추정하려면 전통적인 통계학보다 베이즈통계를 활용하는 편이 압도적으로 뛰어나기 때문이다.

값 15,500원 신국판(153*224) 300쪽
ISBN978-89-6502-271-8 2017/4 발행

만화로 아주 쉽게 배우는 통계학

고지마 히로유키 / 오시연

비즈니스에서 통계학은 필수 항목으로 자리 잡았다. 그 배경에는 시장 동향을 과학적으로 판단하기 위해 비즈니스에 마케팅 기법을 도입한 미국 기업들이 많다. 마케팅은 소비자의 선호를 파악하는 것이 가장 중요하다. 마케터는 통계학을 이용하여 시장조사 한다.

값 15,000원 국판(148*210) 256쪽
ISBN978-89-6502-281-7 2018/2 발행

대입-편입 논술 합격 답안 작성 핵심 요령 150

김태희

시험에서 합격하는 비결은 생각 밖으로 단순하다. 못난이들의 경합에서 이기려면, 시험의 본질을 잘 알고서 그것에 맞게 올곧게 공부하는 것이다. 그러려면 평가자인 대학의 말을 귀담아들을 필요가 있다. 대학이 정부의 압력에도 불구하고 논술 시험을 고수하는 이유는….

값 22,000원 신국판(153*225) 360쪽
ISBN978-89-6502-301-2 2021/2 발행

대입-편입 논술에 꼭 나오는 핵심 개념어 110

김태희

논술시험을 뚫고 그토록 바라는 대학에 들어가기 위해서는 논술 합격의 첫 번째 관문이자 핵심 해결 과제의 하나인 올바른 '개념화'의 능력이 필요하다. 이를 위해서는 관련한 최소한의 배경지식을 습득해야 하는데, 이는 거창한 그 무엇이 아니다. 논술시험에 임했을 때…

값 27,000원 신국판(153*225) 512쪽
ISBN978-89-6502-296-1 2020/12 발행

독학 편입논술

김태희

이 책은 철저히 편입논술에 포커스를 맞췄다. 편입논술 합격을 위해 필요한 많은 것들을 꾹꾹 눌러 채워 넣었다. 전체 8장의 단원으로 구성되었지만, 굳이 순서대로 공부할 필요는 없다. 각 단원을 따로 공부하는데 불편함이 없도록, 겹겹이 그리고 자세히 설명했다.

값 45,500원 사륙배판(188*257) 528쪽
ISBN978-89-6502-282-4 2018/5 발행

공복 최고의 약

아오키 아츠시 / 이주관 이진원

저자는 생활습관병 환자의 치료를 통해 얻은 경험과 지식을 바탕으로 다음과 같은 고민을 하게 되었다. "어떤 식사를 해야 가장 무리 없이, 스트레스를 받지 않으며 질병을 멀리할 수 있을까?" 그 결과, 도달한 답이 '공복'의 힘을 활용하는 방법이었다.

값 14,800원 국판(148*210) 208쪽
ISBN978-89-90116-00-0 2019/11 발행

영양제 처방을 말하다

미야자와 겐지 / 김민정

인간은 종속영양생물이며, 영양이 없이는 살아갈 수 없다. 그렇기 때문에 영양소가 과부족인 원인을 밝혀내다 보면 어느 곳의 대사회로가 멈춰 있는지 찾아낼 수 있다. 영양소에 대한 정보를 충분히 활용하여 멈춰 있는 회로를 다각도에서 접근하여 개선하는 것에 있다.

값 14,000원 국판(148*210) 208쪽
ISBN978-89-90116-05-5 2020/2 발행

하이브리드의학

오카베 테츠로(岡部哲郎) / 권승원

이 책은 "서양의학의 한계"를 테마로 서양의학이 가지고 있는 약점과 문제점, 동양의학이 아니면 할 수 없는 점을 중심으로 질병을 완치할 수 있는 방법이라면, 무엇이든 찾아 받아 들여야만 한다고 생각한다. 의학을 동서로 나누어 보는 시대는 끝났다. 말 그대로, 콤비네이션, 하이브리드.

값 14,000원 사륙판(128*118) 194쪽
ISBN979-11-91136-02-9 2021/1 발행

60대와 70대 마음과 몸을 가다듬는 법

와다 히데키(和田秀樹) / 김소영

옛날과 달리 70대의 대부분은 아직 인지 기능이 정상이며 걷는 데 문제도 없다. 바꿔 말하면 자립한 생활을 보낼 수 있는 마지막 무대라고도 할 수 있다. 따라서 자신을 똑바로 마주보고 가족과의 관계를 포함하여 80세 이후의 무대를 어떤 식으로 설계할 것인지 생각해야 하는 때다.

값 15,000원 국판(148*210) 251쪽
ISBN979-11-91136-03-6 2021/4 발행

한의학 교실

네모토 유키오 / 장은정 이주관

한의학의 기본 개념에는 기와 음양론 오행설이 있다. 기라는 말은 기운 기력 끈기 등과 같이 인간의 마음 상태나 건강 상태를 나타내는 여러 가지 말에 사용되고 있다. 행동에도 기가 관련되어 있다. 무언가를 하려면 일단 하고 싶은 기분이 들어야한다.

값 16,500원 신국판(153*224) 256쪽
ISBN978-89-90116-95-6 2019/9 발행

외로움은 통증이다

오광조

몇 해 전 영국에서 외로움 담당 장관을 임명할 정도로 외로움은 이제 국가 차원의 문제가 되었다. 이 책은 여러분처럼 외로운 시대를 사는 누군가의 외로움과 고독에 대해 생각하고 정리한 내용이다. 부디 여러분의 고민에 조금이라도 도움이 되기를 바란다.

값 15,700원 신국판(153*225) 245쪽
ISBN978-89-6502-297-8 2021/1 발행

다이어트+건강 둘을 잡다

이미나(다이어터 꼬마 약사)

아무 걱정 없이 마냥 밝기만 해도 되는 나이다. 하지만 저자는 열두 살이라는 어린 나이에 몸매 때문에 수치심을 느꼈다. 같은 반 친구들 앞에서 비만이라는 사실이 드러났고 그때부터 20년간 뚱뚱한 아이였다. 반 친구들의 투표로 반장이 되어보고 열심히 공부해서 1등도 해보았다.

값 16,000원 국판(148*210) 288쪽
ISBN979-11-91136-07-4 2021/6 발행

먹어도 살이 찌지 않고 면역력이 생기는 식사법

이시구로 세이지 / 김소영

서양 여러 나라의 비만율은 증가 추세를 보이고 있다. 미국에서는 과체중이나 비만인 비율이 71.6%, 영국에서는 64%였다. 이들 숫자가 신종 코로나바이러스 감염증의 환자 수와 사망자 수에 영향을 주었다는 사실은 쉽게 추측할 수 있다. 그렇다면 우리는 말랐을까?

값 14,800원 사륙판(128*118) 240쪽
ISBN979-11-91136-05-0 2021/5 발행

뜸의 권유

뜸을 보급하는 모임 / 이주관(한의사) 오승민

자연환경과 체질에 안성맞춤인 것이 바로 작은 자극으로도 몸을 은근하게 데우는 뜸이다. 한군데에 열기를 가하여 효율적으로 온몸에 열을 순환시켜 몸안에서부터 증상을 개선한다. 뜸이 오래도록 사랑을 받아온 이유는 그만큼 효과가 확실하기 때문이다. 그리고 무엇보다 우리 체질에 알맞기 때문이다.

값 14,900원 신국판(153*225) 134쪽
ISBN979-11-91136-04-3 2021/5 발행